作者简介

蔡　琴，毕业于浙江大学文博系，浙江省博物馆二级研究馆员、副馆长，中国博物馆协会博物馆学专业委员会主任委员，浙江省博物馆学会副理事长、陈列专委会主任委员，"华美致远——中国外销丝绸的风貌"、"江南生活美学"、"丽人行——中国古代女性图像"（系列展览）策展人，新浪微博知名历史博主。出版专著《博物馆学新视域》《浙江博物馆历史研究（1929—1966）》《通向世界的丝绸之路》《丽人行：中国古代女性图像》《她们：中国古代女子图鉴》等，其中《她们：中国古代女子图鉴》荣获2023年度"中国好书"荣誉；出版散文集《女人是天生的收藏家》。

缪斯
MUSE
文库

本书由中国博物馆协会与腾讯基金会"腾博基金"资助

Fair Ladies

浙江省博物馆
"中国古代女性图像展"
策展笔记

蔡 琴 等著

ZHEJIANG UNIVERSITY PRESS
浙江大学出版社
·杭州·

图书在版编目（CIP）数据

丽人行 ： 浙江省博物馆"中国古代女性图像展"策
展笔记 / 蔡琴等著 . -- 杭州 ： 浙江大学出版社， 2024.
11. --（中国博物馆陈列展览精品·策展笔记）.
ISBN 978-7-308-25223-2

Ⅰ . G269.275.5

中国国家版本馆 CIP 数据核字第 20245KQ818 号

丽人行

浙江省博物馆"中国古代女性图像展"策展笔记

蔡 琴 等著

出 品 人	褚超孚	
策划编辑	张 琛　陈佩钰　吴伟伟	
责任编辑	陈 翩	
责任校对	杨利军	
美术编辑	程 晨	
出版发行	浙江大学出版社	
	（杭州市天目山路148号　　邮政编码：310007）	
	（网址：http://www.zjupress.com）	
排　　版	浙江大千时代文化传媒有限公司	
印　　刷	杭州捷派印务有限公司	
开　　本	710mm×1000mm　1/16	
印　　张	15.75	
字　　数	233千	
版 印 次	2024年11月第1版　2024年11月第1次印刷	
书　　号	ISBN 978-7-308-25223-2	
定　　价	88.00元	

浙江大学出版社市场运营中心联系方式：（0571）88925591；http://zjdxcbs.tmall.com

总　序

在社会主义文化强国建设的进程中，博物馆扮演着中华文明优秀成果守护者、传承者与传播者的重要角色。作为博物馆教育与传播的核心媒介，陈列展览成为博物馆守护文化遗产、传承中华文明、讲好中国故事的关键工作。好的陈列展览离不开好的策展工作。策展是构建陈列展览的过程，是通过逻辑和观念的表达，阐释文物藏品的多元价值，构建公众与遗产之间的对话空间，激发广泛社会价值与文化价值的思维和组织活动。博物馆策展的理论与实践水平，很大程度决定了陈列展览的思想境界、文化内涵、艺术品位与传播影响。因此，博物馆策展的学术研究和业务能力建设是提高博物馆陈列展览工作业务水平和影响效果的重要途径；某种意义上，也是促进我国博物馆事业高质量发展的关键所在。

"中国博物馆陈列展览精品·策展笔记"丛书的出版，正是源于对上述问题的思考。作为我国博物馆行业发展的协调者与促进者，中国博物馆协会长期致力于博物馆展陈质量建设和策展能力提升。在持续不断的摸索和实践中，许多博物馆同仁建议我们依托"全国博物馆十大陈列展览精品推介活动"，围绕一批业内公认的具有较大影响力与鲜明特色的获奖展览项目，邀请策展团队，形成有关策展过程和方法的出版物。在不断的讨论中，我们逐渐明确：这种基于展览策划的出版物，显然不同于博物馆中常见的对于展览内容及重点文物介绍的"展览图录"，而更适合被称为"策展笔记"。

所谓"策展笔记"，一方面，要聚焦"策展"的行动内容，也就是要透过展览看幕后，核心内容是展览从无到有的建设过程，尤其要重点讲述展览选题、前期研究、团队组建、框架构思、展品组织、形式设定、艺术表达、布展制作等当代博物馆展览策划的核心流程及相关体会。另一方面，要突出"笔记"的内涵风格。如果与记录考古工作的过程、方法与认识的"考古报告"相类比的话，"策展笔记"则是对陈列展览的策展过程、方法与认识的重点记录。与此同时，作为与"随笔""札记"等相似的"笔记"文体，也应带有比较强烈的主观性、灵活性和较高的自由度，宜以第一人称的口吻展开，重在呈现策展的心路历程与思考感悟，而不苛求内容体系的完整性与系统性；重在提炼策展的经验、理念、亮点，讲好值得分享的策展专业理论、专业精神、专业态度和专业手法等。我们相信，这样的"策展笔记"，不但可以作为文博行业了解我国文博系统优秀展览的"资料工具书"，也可以作为展陈从业者策展创新借鉴的"实践参考书"，还可以作为普通大众的"观展指南书"，帮助他们了解博物馆幕后工作，更好领略博物馆展陈之美。

丛书第一辑收集了2019—2021年度全国博物馆十大陈列展览精品推介的代表性获奖项目，覆盖全国不同地域，涵盖考古、历史、革命纪念等不同类型。由于缺乏经验借鉴，加之展览类型的多元性、编写人员构成的差异性等，在撰稿与统稿过程中，我们遇到了远超预期的挑战。这些挑战包括但不限于：如何平衡丛书的整体风格与单册图书的个体特色；如何兼顾写作内容的专业性特质与写作表达的大众性要求；如何将策展实践中的"现象描述"转化为策展理念的"机制提炼"，充分体现策展的创新点和价值点；如何实现从"报告思维"向"叙事思维"的转型，生动讲述策展的动人细节；如何在分析个案内容的同时对行业的普遍性、典型问题进行有效回应，发挥好优秀展览的示范作用；如何解决多人撰写所产生的文风不统一问题，提高统稿工作的质量和效率；等等。幸运的是，在各馆撰稿团队的积极配合下，在专家的有力指导下，我们通过设定指导性原则、确定写作指南、优化统稿与编审机制等途径，一定程度克服了上述挑战难题，基本完成了预期目标。

　　这套丛书的问世，离不开撰稿人、专家和编辑的辛勤劳动。我们衷心感谢北京鲁迅博物馆（北京新文化运动纪念馆）、中国人民革命军事博物馆、山西博物院、吴中博物馆、扬州中国大运河博物馆、杭州市萧山跨湖桥遗址博物馆、山东博物馆、湖北省博物馆、盘龙城遗址博物院、成都武侯祠博物馆、陕西历史博物馆、秦始皇帝陵博物院、和田地区博物馆等博物馆策展团队撰稿人的精彩文本。同时，我们衷心感谢南京博物院理事长、名誉院长龚良，复旦大学文物与博物馆学系主任陆建松，浙江大学艺术与考古学院教授严建强，北京大学考古文博学院教授宋向光，上海大学现代城市展陈设计研究院执行院长李黎，西安国家版本馆（中国国家版本馆西安分馆）副馆长董理，清华大学美术学院副教授李德庚等多位学者、专家的认真审读与宝贵的修改建议。感谢浙江大学出版社董事长、党委书记、总编辑褚超孚，以及社科出版中心编辑团队的细致审校和精心编辑，他们的工作为丛书的顺利出版提供了坚实的保障。浙江大学艺术与考古学院"百人计划"研究员毛若寒博士在这套丛书的方案策划、组织联络、出版推进等方面，用力尤勤，付出良多。此外，还有许多在本丛书筹划、编辑、出版过程中给予帮助的专家、老师，无法一一列举，在此谨对以上所有人员致以最真挚的感谢和敬意。

　　严建强教授在一次咨询会上曾对这套丛书给过一个很高的评价，认为它是当代博物馆专业化建设的一个重要的里程碑。对于这个赞誉，我们其实是有点愧不敢当的。我们很清楚，丛书第一辑的整体质量还有待提升，离"里程碑"的高度存在一定差距。但通过第一辑的编辑出版，我们为接下来的第二辑、第三辑的编写积累了经验、增强了信心。今后，我们会继续紧扣"策展笔记"作为"资料工具书""实践参考书"与"观展指南书"的核心功能定位，继续深化对于博物馆展览策展笔记的属性、目标、功能、内涵、形式等方面的认知，努力通过策展笔记的编写，带动全行业策展工作专业水平的整体提升。这虽然是一件具体的事情，但对构建博物馆传承与展示中华文化的策展理论体系和实践创新体系，推动博物馆守护好、展示好、传承好中华文明优秀成果，为博物馆事业的高质量发展、为建设社会主义文化强国不断做出新贡献，是很有积极意义的。我们相信，有全国博物馆工作者的积极参与，我们一定能把这套丛书做得更好，做成中国博物馆领域的著名品牌。

是为序。

刘曙光

中国博物馆协会理事长

2023 年 8 月

第二辑赘言

自"中国博物馆陈列展览精品·策展笔记"第一辑问世以来，我听到了文博业界及学术圈同仁们不少的夸奖。一些博物馆展陈从业人员自发撰写评论，从实操与理论等层面解读策展理念，提炼专业经验。浙江大学、陕西师范大学等高校将其纳入教学过程，作为培育新一代策展人的学习资料，凸显了"策展笔记"的教育价值。微信读书以及各类新媒体平台的留言体现出"策展笔记"已成为广大观众理解博物馆策展艺术、深化观展体验的"新窗口"，拉近了公众与博物馆文化的距离。不少读者热情高涨，纷纷点赞并留下评论，将之视为"观展宝典"。

读者的肯定，是我们编辑出版"策展笔记"的最大动力。在2023年11月第一辑刚发行之时，第二辑也进入了紧锣密鼓的撰写阶段。基于前期积累，第二辑在保持原有特色的同时，力求策展写作内容深度与广度的双提升，旨在展现中国博物馆策展实践的多元视角与前沿动态。

江西省博物馆的"寻·虎——小鸟虎儿童主题展"，作为"策展笔记"第一例儿童主题展览，深刻揭示了策展人对儿童心理与行为特征的敏锐洞察，彰显了博物馆对儿童受众的关怀与重视，映衬出博物馆服务理念的革新与拓展。上海天文馆的"连接人和宇宙"基本陈列作为自然科学类展览在丛书中首次呈现，极大地丰富了"策展笔记"的题材与内涵。广东省博物馆的"焦点：18—19世纪中西方视觉艺术的调适"，是粤港澳大湾区首屈一指的外销画专题展览，荣获"十大精品推介"之"国际及港澳台合作奖"，反映出中国博物馆策展的国际视野，亦是出入境展览在"策展笔记"中的初次亮相。值得一提的是，我们特别收录了虽未参与"十大精品推介"但承载着深厚文化内涵与当代价值、在故宫博物院举办的"何以中国"展览。我们认为，独特的时代性、典型性与代表性，使其成为不可多得的策展典范；我们坚信，其策展智慧值得广泛传播与深入探讨。

在"导览"篇章，"策展笔记"第二辑更加注重构建"策展人导览观展"的沉浸式氛围。例如，上海天文馆的策展笔记立足科普导游与创意巧思，构建出令人心驰神往的宇宙奇景，极大提升了读者的参与感与体验度。"策展"篇章的解析深度与广度也有所提升，体现出更加强烈的问题意识，在撰写个案的同时探讨普遍性议题。如"何以中国"的策展笔记首次提出了"展览观"的命题，深入剖析展览背后的策展理念与文化价值，启发策展人对展览本质的再思考。同时，第二辑还加大了对展览"二次研究"和"学理解析"的力度，对策展相关的"叙事""阐释""符号"等现象进行了学理上的深入探究，将理论成果融入策展实践，进一步提升了展览的学术性和专业度。

技术细节的呈现成为"策展笔记"第二辑的另一大亮点。如对陕西考古博物馆的"考古圣地华章陕西"主展标设计过程的全揭秘，不仅展现了策展团队的匠心独运，也让读者对展览背后的专业技术支撑有了更直观的认识。

最后，第二辑在观展与策展之间建立了更紧密的联系。在"观展"篇章，不少书稿引入观众报告，让策展工作更贴近观众需求，提升了展览的互动性与社会影响力，折射出了策展与观众的双向赋能。

"策展笔记"第二辑依然集结了一支由撰稿人、专家与编辑组成的优秀团队。在此，我们向故宫博物院、辽宁省博物馆、上海天文馆、苏州博物馆、浙江省博物馆、杭州市临平博物馆、江西省博物馆、郑州商代都城遗址博物馆、广东省博物馆、中山市博物馆、广西壮族自治区博物馆、四川博物院、陕西考古博物馆等多家博物馆的策展团队贡献的精彩文本表示由衷感谢。同时，还要继续感谢南京博物院理事长、名誉院长龚良，复旦大学文物与博物馆学系主任陆建松，浙江大学艺术与考古学院教授严建强，北京大学考古文博学院教授宋向光，上海大学现代城市展陈设计研究院执行院长李黎，西安国家版本馆副馆长董理，清华大学科学博物馆（筹）高级顾问杨玲等专家学者，他们的专业审读和中肯建议对提升"策展笔记"内容质量起到了关键作用。我们还要向浙江大学出版社董事长、党委书记、总编辑褚超孚，副总经理张琛，社科出版中心编辑团队及所有参与的工作人员致敬，他们一丝不苟的工作态度与精益求精的专业精神，确保了"策展笔记"第二辑的高质量出版。我还要特别鸣谢今天在浙江大学艺术与考古学院任"百人计划"研究员的毛若寒博士。作为执行主编，他不仅协助我延续并深化了策展笔记的体例，更以其富有朝气的学术洞察力推动了丛书品质的进一步提升。此外，还有许多未被逐一提及的专家和同仁，他们的辛勤工作和专业精神对整个编撰项目至关重要，我对他们表示由衷的感谢和敬意。

"策展笔记"如同一扇开启多元视野的窗，亦如聚焦万象的镜头，第二辑尤为如此。它不仅展现了中国博物馆展览生态的丰富多样，更深刻揭示了策展实践背后的创新思维与理论深度。从第一辑至第二辑，这套丛书见证了中国博物馆策展领域的进步，每一页笔记都凝结着策展人对新时代博物馆的角色与功能的深邃思考。这一历程不仅是策展理念革新的实录，亦是中国博物馆人敢于探索、勇于创新精神的鲜活体现。展望未来，我们将秉持"讲好中国故事"的初心，以"策展笔记"为桥梁，不断深化对新时代博物馆使命的理解与实践，致力于通过精品展览传承中华优秀传统文化，弘扬革命文化，发展社会主义先进文化，为建设社会主义文化强国、推进中国式现代化贡献博物馆的力量。

刘曙光

2024 年 8 月

引　言　云端发芽的展览缘起　001

　一、中国题材与世界话题　003

　二、知识创新与版本迭代　012

　三、多馆协同与虚实联动　019

　四、情境隐喻与物人关联　023

导　览　穿越古今的文化旅程　033

　一、展览基础信息　034

　二、展览内容介绍　035

　三、展厅亮点解析　106

策　展　多元创新的策展实践　115

　一、以古启今的策展理念　116

　二、虚实融合的展览模式　139

　三、深广兼备的内容设计　153

　四、情境关联的形式设计　179

观　展　全面开花的展览配套　195

　一、社教活动纷呈　196

　二、文创产品汇聚　204

　三、宣传推广持久　216

　四、观众调查翔实　221

结　语　无限可能的品牌未来　227

　一、有机生长的展览品牌　228

　二、数实融合的展览远景　231

后　记　235

麗
人
行

Fair Ladies

　　2021 年 3 月 8 日，"丽人行——中国古代女性图像云展览"（后文简称"丽人行"云展览）在 30 余家国内博物馆的鼎力相助下正式推出，推动博物馆线上展览从一种替代性选择转变成一种主动求变的探索。2022 年 3 月 8 日，"丽人行——中国古代女性图像展"在西子湖畔拉开帷幕，以浙江省博物馆为主展馆，以安徽博物院、江西省博物馆、苏州博物馆、湖州博物馆为分展馆，五馆联动；同时，"丽人行"云展览 2.0 版全新上线，合作单位扩大到国内外 50 余家，在后疫情时代开启了线上线下、一展多地同时观展的新体验，并继续带来"丽人行——虚拟微策展大赛"等体验活动与女性论坛，持续发挥"丽人行"女性品牌文化项目的影响力。现在，浙江省博物馆的之江新馆"丽人行——中国古代女性图像沉浸式数字展"（下文简称"丽人行"沉浸式数字展）和数字人文平台（集"丽人行"数字人文标准规范、图像数据库、数字资源、沉浸式数智展示空间于一体）也正式开放了。

　　从平面网页的云展览，到物理空间的实体展览，再到三维虚拟空间的虚拟微策展、沉浸式数字展，这样的阶段性变化过程在观看方式与构建策略等角度呈现出内在逻辑与价值意义，最终实现文物价值的多元延展和展览品牌的有机生长。

　　"丽人行"展览品牌迭代的步伐仍未停止。而从最初的摸着石头过河，到经验落地，再到敢于畅想未来，第一个线下实体展览"丽人行——中国古代女性图像展"在策展工作中具有里程碑意义。策划"丽人行"线下实体展时，我们愈发明确了"希望能更多地增进观众对古代女性外在形象、生活状态和内心世界的了解，引发观众对当代女性的困境与突围，以及两性真正平等的思考"的总体思想。在设计构思上，以前期"丽人行"云展览的内容为基础，线下展遵循"从物到像，以物解像"的原则，丰富展品维度，深化学术研究，构建张力空间，实现云展览回归线下的实体化、精品化呈现。策展人从自身的女性视角出发，以展览透视古代女性的禁锢与自由，促使观众反思当代女性主义的困境与突围，并倡导现代女性要有生存的技能、正确的价值观和丰富的生活内容。

无论是在时间的节点上，还是在展览工作的节点上，"丽人行——中国古代女性图像展"的成功实践都促使我们在解决问题的过程中总结出一套全新的策展经验，使博物馆展览能够更好地回应由于时代进步而有所变化的社会文化需求。

一、中国题材与世界话题

女性题材绘画在中国有着极为悠久的历史。战国时期，帛画《人物龙凤图》中就出现了一位女性形象。到了魏晋南北朝时期，描绘的女性形象主要是贤德的女子和神话传说中的仙女，如《女史箴图》《洛神赋图卷》《列女仁智图卷》。唐代，周昉《簪花仕女图》、张萱《捣练图》等则展示出大唐盛世之下贵族女性的华贵之美。五代、宋、元时期，描绘世俗女子的题材范围扩大，如北宋画家王居正《纺车图》中的女性仅是生活中普通的农妇。明清两代，流行的长卷和套画中有不少是专门描绘女性生活的图卷。

图1-1　清　佚名　胤禛
十二美人图之裴装对镜
故宫博物院藏

图1-2　北宋　苏汉臣　妆靓仕女图　波士顿美术博物馆藏

　　纵观这些图像，同样的画面，在不同时代或者同一时代反复出现。如：胤禛《十二美人图》中的《裘装对镜》（图1-1），其中美人顾影自怜，不禁让人想起苏汉臣的《妆靓仕女图》（图1-2），同样是对镜的美人，只是环绕着美人的陈设不相同。《妆靓仕女图》中妆案上陈设有妆奁、香炉、水仙花、水纹屏风，而《裘装对镜》中室内有钧窑菱花口花盆及水仙花、长方烧水壶、霁蓝釉茶杯、黑漆描金杯盘、斑竹仿藤式坐墩、豇豆红釉盘及佛手、墙壁上的书架和书架里摆放的卷轴字画。[1]胡锡珪的《梳妆仕女图轴》（图1-3）、赵瑜的《仕女图轴》（图1-4）图式基本一样。《似水流年·琴棋诗画》中余集的倚桌仕女图式（图1-5）

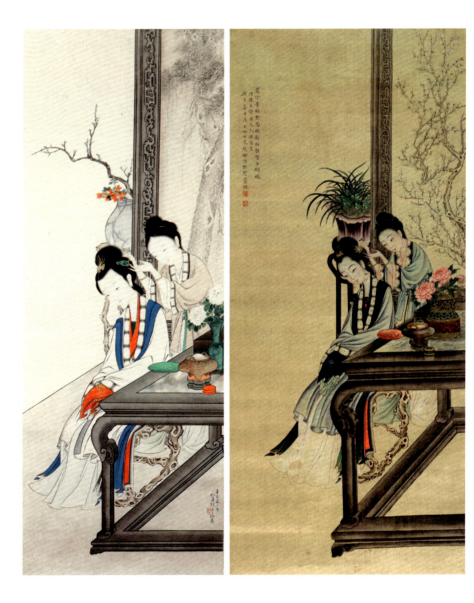

图1-3　清　胡锡珪　梳妆仕女图轴　苏州博物馆藏（左）

图1-4　清　赵瑜　仕女图轴　吉林省博物院藏（右）

湘管停时缘索句春葱暨庆独合铅

秋室写于萱苏馆戊申五月

图1-5 清 余集
仕女图轴 浙江省博
物馆藏

图1-7　清　佚名　胤禛十二美人图
之消夏赏蝶　故宫博物院藏

出自清初冷枚的《春闺倦读图轴》〔图1-6〕，而胤禛《十二美人图》中的《消夏赏蝶》〔图1-7〕在构图和内容上都与冷枚的《春闺倦读图轴》极其相似，两幅画中的女子都是向一侧探着腰肢，慵懒地斜倚在桌子上，身体呈 S 形的姿态。[2] 围绕图像的传播、风格的差异来观察，这几幅画都是很有意味的。一幅幅精美的图卷，让我们得以了解中国古代女性生活状态与内心情感世界，而图像的变迁亦折射出各个时期的历史、文化、思想的特点及其演变轨迹。

　　高居翰（James Cahill）在学术生涯的后 30 年倾心于那种被许多中国学者认为是俗不可耐的美人画，起因是一幅名为《河东夫人像》的画。1971 年因为办"无尽山川：晚明绘画"展览，他在哈佛艺术博物馆（Harvard Art Museum）看到了这幅画。起初他接受了这是一幅上流社会女性肖像的观点，但之后同样构图的绘画在其他博物馆发现，他开始觉得，这应该是一幅模式化的美人画。[3]从 20 世纪 70 年代开始，中国古代女性图像就是学界研究的热门话题。巫鸿的《中国绘画中的"女性空间"》一书提出了"女性题材绘画"这个概念，并引入"女性空间"作为讨论的核心，意图把被孤立和抽出的女性形象还原到其所属的图画、建筑和社会环境中。从武梁祠的列女画像砖到南北朝的《洛神赋图卷》，从青楼名妓的自我表现到展现理想化美人的《胤禛十二美人图》，巫鸿试图通过这些作品来解析"女性"在不同绘画场景和时代中的各色呈现，思考女性题材绘画在社会与文化环境中的意义。[4]总之，中国古代女性题材绘画亟待被重新发现、重新认知。

博物馆对女性问题的关注由来已久，女性图像一直是不同时期不同博物馆展览的重要主题。"丽人行"云展览上线时收录女性展览 128 个。后陆续增加，截至 2024 年 3 月 21 日，共收录女性展览 245 个。其中，国内展览 164 个（占比 66.9%），国外展览 81 个（占比 33.1%）。

164 个国内女性展览中，有 90 个来自美术馆、画廊、艺术平台等机构（大部分为当代艺术类展览）；74 个为博物馆展览（主要反映的是古代女性生活和历史文化）。根据题材分类：古代女性主题展 45 个，其中女性综合文物展 4 个，余下 41 个为以特定年代为主要题材的展览（商周至秦 5 个、汉至唐 4 个、宋元 1 个、明清 31 个）；近现代女性主题展 30 个，其中旗袍展 4 个、其他服饰类展览 5 个、女性生活展 7 个、女性形象展（年画展）1 个、潘玉良作品展 10 个、其他女性作品展 3 个；现代女性主题展 85 个，其中女艺术家作品展 79 个、女性形象展 3 个、女性时尚展 2 个、女性生活展 1 个；另有 4 个展，包括文化交流展 2 个、引进展 1 个、女性公益展 1 个，归为其他。

81 个海外女性展览中，有 25 个来自美术馆、画廊、艺术平台等机构，56

个为博物馆展览。根据题材分类：女性成就与社会贡献主题展览 51 个，其中反映女性进步和争取女性权利的展览 14 个、女性艺术成就展 33 个、其他领域贡献展 4 个（数学成就、各项技艺、医疗贡献、创造发明各 1 个）；反映女性特定时期与区域时尚主题的展览 3 个；反映各类女性形象的展览 14 个；反映女性生活各个方面的展览 3 个；展现女性困境与挣扎的展览 9 个；反映女性视角下的收藏的展览 1 个。[5]

由此可见，在一个看似以传统文物为重的博物馆领域，与性别问题相关的展览也在逐渐增多。尽管在社会结构和政治传统上，中西方差异巨大，但在"男主外，女主内"的意识上却不难找到共鸣。在西方真正把女性限定在私人领域的是亚里士多德，在他看来，男性统治、女性服从都是天性使然。女性仅有不完全的理性，因而只能在家庭这个"必然王国"中度过一生。女性的目标与价值只能在家庭中实现，在家中劳作、生育，为城邦的存在和发展提供必要条件，却不能进入公共世界。[6]

由于社会学、人类学领域的丰硕成果和深厚传统，在把当代女性问题与非父系社会作为展示对象时，展览与女性主义叙事有较高的契合度；近代的民族独立、阶级斗争与性别平等运动的共振，也使得该时段内的诸多藏品合乎女性主义的策展思路。但是，古代社会与当代社会间隔遥远，且女性并非古代历史的书写主体，因此，在两性平等大讨论兴盛于公共空间之前，尽管女性题材文物展览早已有之，但它们基本处于普及知识、艺术欣赏层面，"性别"在其中似乎只是展品的"题材类型"，而非"诠释角度"。那么，如何才能让中国数量可观的古代藏品与文物类博物馆参与到对当下社会问题的讨论中，缩短古代藏品与当代人的心理距离呢？"丽人行——中国古代女性图像展"尝试给出一种解决方案。

从当前世界人文领域的热点来看，在文学、戏剧、电影以及当代艺术等领域，女性主题都备受关注。"丽人行——中国古代女性图像展"从博物馆馆藏研究的角度，以去观点化的方式引导观众和群体共同思考，聚焦重要文明发源地的女性群像。这既是对当下热点话题的响应，也是文化交流的重要路径。

从中国古典艺术的角度来看，人物绘画是全世界绘画领域难度较高的题材类别，"丽人行"IP（intellectual property，知识产权）需要传承中国古典艺术的美术电影形式，进行二次创作和展示。这既是一场共情、共鸣于女性主题的思想对话，也是一场有关艺术传承与人性解读的对话。

从博物馆学的角度来看，以群像为主题，从人出发，便于将各类文物的研究内容以场景化的方式进行组合展示，包括书画、织物、图案、饰品、日用器具、古典建筑，大到寄情山水，小到闺阁芬芳，浅有审美共情，深可如曹公笔下对人性的探讨。群像既是博物馆展示的叙事手段，也是一种创新的研究方法，更是博物馆话题的又一次重大突破。

二、知识创新与版本迭代

"丽人行——中国古代女性图像展"是基于"丽人行"云展览（"丽人行"一代展览）（图1-8）的深化和创新，在策展思路、展览内容上与"丽人行"云展览一脉相承，为策展的初期工作节省了不少时间成本。策展团队要思考的是：如何做好一个从线上衍生到线下的展览？如何把两者办出区别？如何充分利用好前期的内容储备进行展览的创新升级？解答这些问题，需要对云展览进行充分的剖析。

2020年新春，新冠疫情肆虐，展览纷纷转为线上举办。从最初的迫不得已

图1-8　"丽人行"
云展览主海报

仓促上阵，到逐渐成为一种常态，线上展览改变的不仅是博物馆的展示模式，还有更深层的策展模式，业内更期待看到的是，它能够成为一种有效的知识生产方式。

在技术层面，尽管云展览的实现越来越不成问题，但大多数的云展览项目的实施过程仍是"线下实体展览拍照—建模—上线"。这样的云展览，只是一个替代之选，而且任何展览空间，哪怕是建模的 3D 空间，无论是在电脑端还是在手机端，全部呈现为平面。所以，一旦线下展览开放，它的意义也许只归于留档。

2021 年 3 月 8 日，"丽人行"云展览上线，基于从"物"到"像"的逻辑事实，选择图像性显著的书画类文物作为云展览的展示素材，利用数字化技术打通云策展、线上互动等环节，跨地域整合展示了 32 家博物馆收藏的上千幅古代女性题材画作，围绕博物馆的收藏、研究、展示、文创、传播等功能，以 1000 余幅中国古代女性图像展现古代女性的世界，并集展品图库、学术研究、陈列展览、文创展示、问卷调查、观众留言等功能于一体，形成创新型综合性云展览模式。

展览主体由七个部分组成（图 1-9），除"策展人说"和"结语"外，将展品分为五个单元，从不同视角观察和解读，生动、多元、立体地呈现古代女性，进而探讨当代女性的自我价值。第一单元"态浓意远"以历史时间为线索，选取从战国至明清历代女性题材绘画中的代表作品，梳理不同时期图像所体现的女性特点，反映对应时代的社会风貌。第二单元"绣罗翠微"分为"梳妆粉黛""簪珥璎珞"两个小节，揭开古代女性的"面纱"，从妆容、首饰、衣着等细节展现古代佳人的风采，并点出古代女性绘画中的"男性凝视"：古代女性令人沉醉的梳妆粉黛、簪珥璎珞的背后是"女为悦己者容"与"照镜自省"的规训。第三单元"云幕椒房"分为"丽居静好""名山胜水"两个小节，着眼于"空间"，从室内的闺阁天地到户外的园林山川，展示了男女活动空间差异反映出

图1-9　"丽人行"云展览首页

的权力关系以及女性内部在活动空间上的阶层差异。第四单元"逝水流年"分为"琴棋诗画""相夫教子""素手女红"三个小节，通过琴棋诗画的精神寄托、相夫教子的生活常态、女红劳作的生产图景全面展现古代女性的生活内容，并试图进一步揭示女性在娱乐、身份认知、空间关系上主体性的缺失。第五单元"闺阁芳菲"分为"才媛闺秀""才情风雅""才思隽秀"三个小节，汇集散落在漫长历史与浩繁画卷中的女性画家及其画作，其中既有名媛闺秀、职业画家，也有青楼女子，展现了不同阶层女性画家的艺术成就。

　　"展品图库"板块除传递基本信息外，还包括作者简介、款识钤印、画面描述等多方面的解读，并新增了重点展品的语音讲解。"学术研究"板块包括论文、论著、展览，为专业学者深入研究和普通观众自主学习提供线索。共收录女性主题相关论文856篇、女性主题相关著作186部、国内外女性主题相关展览150个。"文

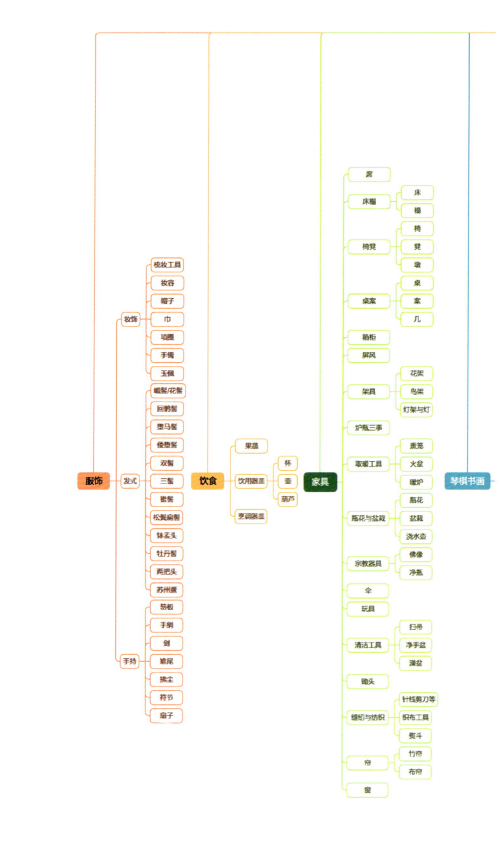

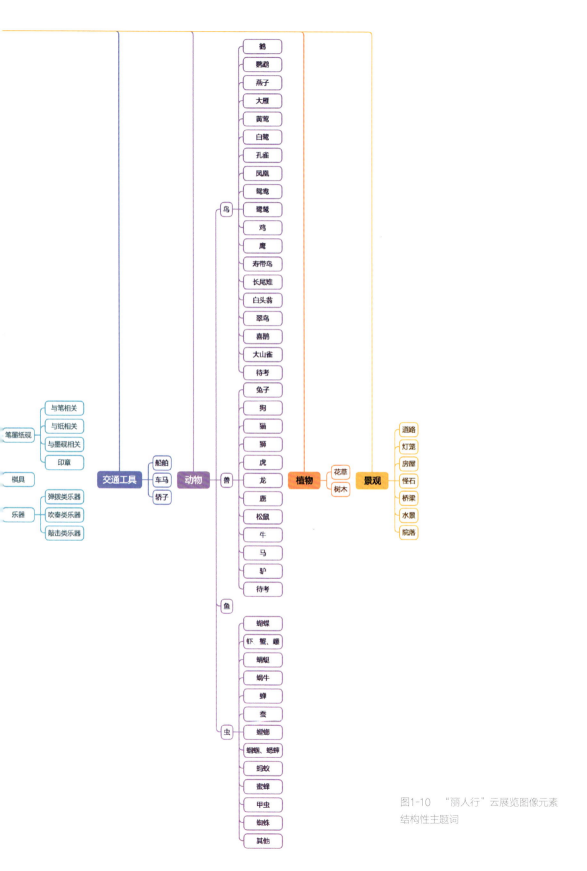

图1-10 "丽人行"云展览图像元素
结构性主题词

创展示"板块收录女性主题相关文创产品 283 件。

　　2022 年 3 月 8 日"丽人行"云展览升级为 2.0 版本，新增 18 家国内外博物馆的图像，收录了 50 家国内外博物馆的 1500 余幅女性图像，并推出图像元素主题词检索（图 1-10）、重点展品语音讲解等功能，让展览真正常看常新、永不落幕。2023 年 9 月，又升级为 3.0 版本。同时，对"丽人行"云展览小程序进行升级。女性主题相关论文、女性主题相关著作、国内外女性主题相关展览、女性主题相关文创产品都同步增加。

　　"丽人行"项目是联动博物馆业务全链条的文化实践，不是停留在展览层面，而是由展览进一步生发科研创新。浙江省博物馆在"丽人行"展览的基础上，进一步探索研究传统文化资源的协同整合、数字活化，申报的"数字化集成展示与交互技术在博物馆的应用示范——以中国古代女性图像为例"课题成功入选国家文化和旅游科技创新工程项目，完成了词表编辑和藏品图像标注后端平台的搭建。展览项目被"中国博物馆热搜榜"评为中国博物馆行业十大创新事件之一，获评浙江省文化和旅游数字化改革"最佳应用"。此外，以"丽人行"展览品牌生长的实践需求为导向申报的"博物馆数字化展览的发展策略研究"课题获得中国博物馆协会 2023 年度资助项目立项；在浙江省博物馆之江新馆建成"丽人行"数字人文平台，以藏品高清图像数据及其相关数字资源为基础，梳理鉴藏、诠释等多个人文脉络，以可视化的形态为中国古代女性图像的研究设计"主体—表达—时代"的综合维度。"丽人行"项目将持续更新古代女性图像和女性议题的学术成果、全球相关展览资源，为博物馆领域"展示推动研究，研究提升展示"提供示范性案例。

三、多馆协同与虚实联动

　　"丽人行——中国古代女性图像展"秉持资源整合理念，同时又突破了以往博物馆借展和巡展的主流合作模式，创新性地以"1+4"的多馆协同方式探索展览新模式。2022 年 3 月 8 日，与浙江省博物馆的"丽人行——中国古代女性图像展"同步启幕的还有苏州博物馆的"江南佳丽——苏州博物馆藏仕女画展"、湖州博物馆的"美人如画——十九至二十世纪东亚女性人物画艺术展"、安徽博物院的"绿鬓朱颜——明清时期女性题材绘画展"、江西省博物馆的"瓷·婳——女性主题艺术展"（图 1-11）。

　　一个主展馆和四个分展馆在同一时间段聚焦女性主题，就地办展，并借助云端数字技术，构建相互联动的"跨空间展览集群"。这种"多馆资源，多馆展出"的新型展览合作模式不但避免了借展和巡展有可能产生的文物保护风险，减少了相应的运输、保险费用，而且在防疫政策多变、区域间交流不畅的形势下，保障了开展时间和观众观展的权利，为呼应"博物馆区域协同发展"战略提供了一种新的借鉴。

　　其中，主展馆浙江省博物馆的"丽人行——中国古代女性图像展"通过精选的160 余件（组）女性题材画作以及配套文物，邀观众一起看画中丽人千姿百态，品画外丽人百味人生，从图像到实物，从整体到局部，从古代到当代，带给观众生动立体的观展体验。

　　"丽人行——中国古代女性图像展"借助数字技术，实现了五馆线下展览的云上互动，线上线下的虚实联动提升了展览体验。展厅设有"丽人行"云导览平台的多媒体互动屏（图 1-12），观众通过互动屏可以参观各馆实时展厅，全面了解各馆展品详细信息。数字化项目还包括"丽人行"云展览、"丽人行"实景复刻展（图 1-13）、"丽人行"小程序（图 1-14）等丰富的内容，支持多种终端，集成文物解读、

图1-11　五馆联动展览海报（上）

图1-12　"丽人行"云导览平台的多媒体互动屏（组图）（下）

图1-13 "丽人行"实景复刻展的电脑端首页

展览讲解、展览关联内容介绍、观众反馈等多种功能,为实体展览现场观众提供精准定位、观展讲解、信息共享、知识推送、互动反馈等个性化导览服务。实体展览与数字技术虚实融合、相辅相生,形成数字赋能博物馆传播的新范式。

　　"丽人行——中国古代女性图像展"秉持"以古启今,以物启思"的策展理念,确立了女性主题展览新高度。尽管女性题材文物展览早已有之,但多处于普及知识、艺术欣赏层面。"丽人行——中国古代女性图像展"将历代女性题材绘画作品及其相关文物作为探讨女性议题的媒介,在展示古代女性日常生活内容的同时,于展览文字与场景诗歌中融入具有思辨性、批判性的观点,还特别设置当代女性艺术空间、女性主题文创展示区,并举办女性论坛、"在浙博遇见古代的自己"沉浸体验、"丽人行——虚拟微策展大赛"等配套活动,将"女性"从"题材类型"推进到"诠释角度",拉近古代文物与当代现实之间的距离,引导当代观众抒发自我、持续发展,

图1-14　"丽人行"小程序首页

探寻从女性视角讲好中国故事、传播好中国声音、展现好中国形象的方式，从而更好地实现博物馆服务社会、传承文化的使命。

"丽人行——中国古代女性图像展"文创产品展示区集中了来自浙江省博物馆、上海博物馆、南京博物院、江西省博物馆、安徽博物院、苏州博物馆、湖州博物馆开发的女性主题文创产品，将古代女性生活的元素融入当代生活。

四、情境隐喻与物人关联

在"丽人行——中国古代女性图像展"的展览方案中，我们已经融入了数字技术和云互动，展览期间观众对此反馈较好，于是我们尝试进一步推动展览的数实融合。

2023 年 8 月，浙江省博物馆之江新馆推出"丽人行"沉浸式数字展（图 1-15），建立具有示范性的数字人文平台和沉浸式数智展示空间。

"丽人行"沉浸式数字展是中国博物馆行业内首个由云展览、线下实体展延伸而来的沉浸式数字展览，分为《倾听》艺术装置、《丽人行》沉浸式美术影片、《探秘》沉浸式场景交互、《丽人行》数字人文大屏探索等四个体验部分。该项目历时三年，由策展、设计、原创音乐、美术、数字艺术、数字人文等多个专业的国内一线专家、团队共同打造。

在《倾听》艺术装置中，数字影像将整个场景构筑成一个凝固的空间，观众置身其中，可以看到古代女性图像在中心高达 5.5 米的立方体内若隐若现地"行走"，

丽人行

—— 中国古代女性图像沉浸式数字展

策展人：蔡琴

FAIR LADIES

*- Digital Representations
Of Ancient Chinese Women*

图1-15 "丽人行"沉浸式数字展海报

图1-16　《倾听》艺术装置

耳边传来不同时代诗词歌赋中对女性评论与审视的声音（图1-16）。《倾听》艺术装置充分调动了观众的感官，令观众对立方体内部充满一探究竟的好奇，对后续展览更加期待；通过模拟实际的光影效果营造地面画面的真实感，原创性地呈现了裸眼3D创意；选取不同时代窗扇元素的解构造型，为观众带来丰富的想象空间，既表达了时空与丽人的关系，也提供了更多开放式的解读。同时，这件装置作品本身也是吸引观众打卡展览的因素之一。

　　"丽人行"系列展览取得的所有成果以及引发的各类探讨，为《丽人行》沉浸式美术影片的创作打下了坚实的基础，提供了丰富的素材。创作初期，《丽人行》沉浸式美术影片着重表现"丽人"，强调古今审美对话与古代女性的客观存在形态。同时，尝试以"四季"为语境，通过唯美的场景对群像进行展示。然而在创作过程中，我们经历了多次思想碰撞后，开始深入思考时代特征与社

图1-17 《丽人行》沉浸式美术影片

会背景，结合"丽人行"IP过往的一系列探讨，探索确定了更具深度、哲思性更强的群像表达方式，也即从着重表现"丽人"转变为解答"丽人"如何"行"。我们深切地意识到，女性群像的展示，背后是某一段具有连续性的社会人文历史对两性站位的要求所形成的存在形态的展示。即：两性既非对立的存在，也非孤立的存在。《丽人行》沉浸式美术影片从女性的视角出发，落笔于人性的自我探索，引发思考，使两性都能在影片中找到自己，产生情感共鸣。

　　《丽人行》沉浸式美术影片设有"走近—走进—出走"三幕情节，既是对古代女性群像的时空演绎，表现了历史长河中诸多女性为争取个人解放和社会进步做出的不懈努力，也是对人性进步与成长的暗示，即"烂漫的—束缚的—寻找自我的"成长路径(图1-17)。"丽人"如何"行"？"行"向何处？在寻找自我、了解自我、对话自我之后，也许每一位观众都能像影片中不同时代的女性那样开启一扇扇门，成为持续发光的、有力量的个体，永远"行"在路上。

第一幕：走近　女子的形象设定为一个未出嫁的少女。舞者身着先秦时代服饰，随着《诗经》中《采蘋》《风雨》《蒹葭》《十亩之间》等篇所描述的劳作和自由恋爱场景的切换，做出不同的姿态和动作。然后舞者演绎从政、切磋琴棋书画、骑马等姿态，女子的服饰、配饰、发型和纹饰变化为两汉时代。舞者演绎采桑、染布、射箭、蹴鞠等参与劳作及娱乐的姿态，女子的体态、服饰、佩饰、发型和纹饰变化为隋唐时代。此时，这美好春光里的花瓣却开始飘落，越来越多，成为花雨，一朵花落在女子手心……

第二幕：走进　落到女子手心的花瓣变成了女子手中汴绣的图案，她正坐在闺房中学习织绣。宋元明清时期，理学束缚女子。在整个第二幕中，女子的服饰、体态、饰品不再指向任何一个时代或遵循时间逻辑的演绎，而是着重体现情绪和姿态的变化。只见女子端坐绣花之时，场景开始昏暗，许多只巨大的手在她身上穿戴各种各样的服饰。女子无奈放下手中的刺绣，开始学习如何"行走"，以保证饰物不会发出声响——她不再像过去那样可以奔跑了。在不同角度的镜子（来自宋元明清不同时代的镜子）中，女子的内心世界被映射出不同的画面，也许是回忆，也许是她想要去的地方，也许是她想成为的人——也许是那些现在的她已经不能去实现的梦想和自我。镜头转向了其中一面镜子，在镜子中，女子变得巨大无比并睡卧在花团锦簇的石案上，她闭着双眼，面带微笑，她巨大的手抬到身前，轻抚着面前的小人偶，而这个人偶就是她自己。这是人们与内心的自我对话的场景。每个人的内心都存在虚拟的自我，也许是完美的自我，也许是想成为的自我，这一自我往往是伟岸的、尚未达成的个体状态。

此时幻影消散，女子开始褪去身上的服饰，这一幕既表示女性的觉醒与解放，也寓示人性终将回归自我。

第三幕：出走　褪去华服美饰后，女子的身体长出了鲜花。这些生长而出的鲜花与褪去华丽装饰后的服装上的花卉图案形成对比，美，是来自饰品还是

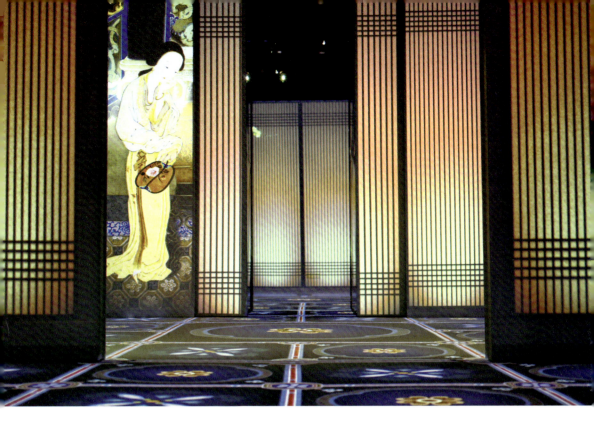

图1-18 《探秘》沉浸式场景交互

来自内心的真我？女子起身舞蹈，走向了冲破每一个时代社会规训之门的未来……

在沉浸式美术影片体验结束后，空间整体通过数字技术切换为交互游览模式（图1-18），共有郊野、庭院、闺房三种沉浸式互动场景，可对图像进行多层次动态展现，并以门、帘、扇进行智能场景切换，观众可以通过图像捕捉与识别墙画及地面，体验时长15分钟。

以郊野互动场景为例，在墙面的交互设计上，考虑到沉浸式空间对整体亮度、色彩饱和度的实际需求，我们选择了夜间画面，场景中的所有元素均由古画解构后重组而来。观众靠近画面中的任何区域，粒子动画萤火虫即向观众所在位置聚拢，点亮局部区域，并触发画中人物从山石背后走出来的交互动画；在地面的交互设计上，观众走在水面之上时会泛起一圈圈的涟漪。3D建模动画更好地贴合了地面与墙面的视觉逻辑，给观众带来具有真实感的空间体验。

　　"丽人行"系列展览从云端发芽，到线下生根，再到全面开花，数实结合，相互转化、相互赋能，构建出具有辨识度、影响力与生命力的"丽人行"展览品牌，形成了信息丰富多维、功能分众多元、线上线下联动、观众互动分享、动态优化完善的创新型、生长型展览品牌的培育模式，或可为面向未来的博物馆展览策划提供一种新的思路。

注　释

〔1〕李深琪.雍正皇帝的内心世界：解析胤禛《十二美人图》.收藏，2018（6）.

〔2〕李深琪.雍正皇帝的内心世界：解析胤禛《十二美人图》.收藏，2018（6）.

〔3〕黄小峰.从文人画到美人图：高居翰的学术转型及其意义.美术报，2015-09-28（15）.

〔4〕巫鸿，口述.薛芃，采访.巫鸿谈《洛神赋图》：中国绘画中的"女性空间".三联生活周刊数字刊，2021（1）.

〔5〕浙江省博物馆博物馆学研究所馆员季一秀统计。

〔6〕葛耘娜.无处安顿的女性.读书，2021（3）.

麗人行

Fair Ladies

导　览

穿越古今的文化旅程

一、展览基础信息

　　2022 年 3 月 8 日国际妇女节，"丽人行——中国古代女性图像展"在浙江省博物馆孤山馆区的西湖美术馆拉开帷幕，展出了浙江省博物馆所藏的古代女性题材画作，同时配套展示相关的古代女性饰品、服饰、生活用品等实物，以及当代女艺术家的作品，展品数量共 161 件（组），其中珍贵文物 102 件（组），借用文物 25 件（组）。展览由浙江省博物馆主办，展期 2 个月，投入经费 95 万元。展览主体三个单元对应三层展厅，展陈总面积 1148 平方米，展线长度 350 米。

　　"丽人行——中国古代女性图像展"由浅入深包含四层传播目的：第一层是"赏物"，让观众在美的展厅空间欣赏古代女性题材绘画和相关女性饰品、服饰、生活用品等文物，感受文物的艺术魅力和不同时代的审美风格，获得美的享受。第二层是"认知"，通过各类文物、辅助展品、场景等的有机结合，丰富观众对古代女性的外在形象、生活空间、多维身份等多方面的认知，带领观众走进她们的世界。第三层是"思考"，通过展览当代视角的观点表达和文物阐释，启发观众从古代文物联系到当下现实，加深对当代女性主义的思考。第四层是"使命"，引导当代观众抒发自我、持续发展，探寻从女性视角讲好中国故事、传播好中国声音、展现好中国形象的方法，从而更好地实现博物馆服务社会、传承文化的使命。

二、展览内容介绍

　　"丽人行——中国古代女性图像展"选择女性题材绘画及其相关文物作为探讨女性议题这一国际社会热点的媒介，挖掘与转化其中的社会、文化价值，将当下的思考与展品充分结合起来，让古代文物参与到当代女性主义的讨论中。

　　展览从外在到内在，从古代到当下，带领观众逐步走进女性的世界。第一单元"闺闱风韵"，以历史时间为线索，梳理不同时期的绘画等文物中体现的女性特点，单元说明开宗明义点出了古代女性绘画中的"男性凝视"和"女为悦己者容""照镜自省"的规训。第二单元"云幕椒房"，着眼于"空间"，展示了男女活动空间差异反映出的权力关系，以及女性内部在活动空间上的阶层差异。第三单元"庭院春深"，关注古代女性的多维身份，用心遴选了漫长历史与浩繁画卷中的女性画家及其画作，尝试在"history"的夹缝中建构一隅"herstory"的图景。尾声的当代女性艺术空间展出不同年龄段女性艺术家的作品，体现当代丽人的才思和追求。

（一）第一单元：闺闱风韵

　　第一单元聚焦古代女性的外在形象（图2-1）。女性题材绘画在中国有着非常悠久的历史，其滥觞于东周，并在魏晋隋唐发展成为一个宏大的艺术门类。透过那一

图2-1　第一单元展厅全景（组图）

个个被男性社会所凝视的理想化的女子形象，观众可以看到各种社会文化因素所促成的不同时期女性形象审美风尚的变化，并感受历代女性对于美的不懈追求，品味她们在妆容、首饰、服装上的审美趣味。古代女性在容貌与装扮上书写着关于闺闱丽人的理想答卷，塑造着社会规训下女子应有的仪容风韵。

本单元共分为三节。第一小节"态浓意远"，以时间为序，选取了不同时代具有代表性的女性形象，通过高清打印的圆形图版并列呈现。

战国诞生了中国美术史上首件以女性为中心的人物画《人物龙凤帛画》（图2-2）。画面的上方绘一龙一凤，下方有一女子侧身立于独木灵舟上，为墓主人形象。体态轻盈的细腰美人，是楚国审美风尚的典型写照。这幅帛画人像和神像交织，奇幻奔放之境彰显着先民的宇宙观念。

汉代人厚生重死，厚葬之风盛行。在长沙出土的《马王堆一号汉墓 T 形帛画》（图2-3）绘有多位女性，构图分为天上、人间、地下三界，中间描绘人间，分为家人的祭祀和墓主人的升天。墓主人为年长女性侧身像，身着彩绣丝衣，拄杖而立，前有使者迎接，后有三位侍女陪伴，这正是灵魂登仙的场景。这一帛画透露出楚地浓厚的神秘浪漫氛围，同时女性人物形象又不失其写实性。

魏晋南北朝时期，肖像画得到了重视和发展，这一时期崇尚萧散清逸的风度，艺术上追求气韵，女性形象多秀骨清像、体态纤丽修长。但当时描绘的女性主要是古代的贤妇或传说中的神女，带有理念化色彩。东晋著名画家顾恺之的《列女仁智图卷》（图2-4）的内容来自《列女传》中的《仁智传》，图中的列女神采奕奕、体态婀娜，衣饰飘逸飞动却不失端庄，是当时官方为女性树立美德的榜样，具有"成教化，助人伦"的作用。顾恺之的另一幅作品《洛神赋图卷》（图2-5）画的是三国时期曹植《洛神赋》中的场景，图中的洛神衣袂飘飘、眉目含情，生动地展现了洛神"翩若惊鸿，婉若游龙"的姿态和对曹植的眷恋。

图2-2 战国 人物龙凤帛画 湖南省博物馆藏（左）

图2-3 西汉 马王堆一号汉墓T形帛画 湖南省博物馆藏（右）

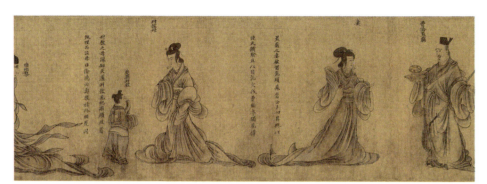

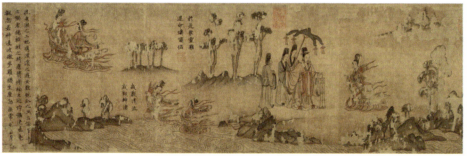

图2-4　东晋　顾恺之　列女仁智图卷〔宋摹本〕〔局部〕　故宫博物院藏（上）
图2-5　东晋　顾恺之　洛神赋图卷〔宋摹本〕〔局部〕　辽宁省博物馆藏（下）

　　唐代女性题材绘画不再以"成教化，助人伦"为主要创作目的，主要反映贵族女性闲适生活的仕女图得到空前的发展。张萱、周昉等代表画家笔下的贵族女性多秾丽丰满、雍容优雅、气质华贵，体现以丰腴为美的时代审美。《虢国夫人游春图卷》（图2-6）所绘的场景是杨贵妃的三姐虢国夫人及其眷从骑马游春的画面。唐代风气开放，女子骑马是一种时尚，这几位仕女华服盛装，马匹的雕鞍金络也精致艳丽，散发出浓厚的盛唐气息。周昉的《簪花仕女图卷》（图2-7）描绘了贵族妇女五人及女侍一人赏花游园的情景，她们靓妆高髻，头上以金钗并簪花为饰，身披透明罗衣，

图2-6　北宋　赵佶　摹张萱虢国夫人游春图卷　辽宁省博物馆藏（上）
图2-7　（传）唐　周昉　簪花仕女图卷　辽宁省博物馆藏（中）
图2-8　南宋　佚名　歌乐图卷　上海博物馆藏（下）

皓腕玉臂，体态丰盈，有的在逗小狗，有的在赏鹤。这些贵族妇女虽然意态娴雅、丰腴华贵，但神情显得有些落寞，或许对于她们来说，在庭院中游玩也不过是消磨青春年华。

到了宋代，文化趋向理性内省，礼教之防日甚，雅俗文化分野渐明而又互相影响。这个时代描绘的女子多具有端严清秀、温婉娉婷的特征，呈现出内敛

图2-9　宋　佚名　盥手观花图页
天津博物馆藏

雅逸的风格。《歌乐图卷》（图2-8）描绘的是剧目排练的场景，9位成年女乐师头
梳高髻，扎花朵状头巾，身着大红窄袖褙子外衣，为典型宋代女子服饰装扮。她们
身材修长，面容清秀，反映出当时的审美趣味。《盥手观花图页》（图2-9）则反映
了宋代闺秀的日常生活，画中的女子站在庭院里，正在两名侍女的陪同下洗手观花，
她们穿着色彩柔和淡雅的衣裙，侍女手中的长柄宫扇和金盆都十分精致。画面中有
假山石，瓶中插着盛开的牡丹，桌椅上摆放着梳妆盒，屏风后竹影摇曳，人与景相
辅相成，营造出清幽典雅的闺阁情调。

　　明清时期，仕女画逐渐转变为以欣赏把玩为主要功能，强调审美价值，创作相
对程式化。画作中的女性形象大多表现出弱不禁风、风露清愁的病态美，表达愁怨、

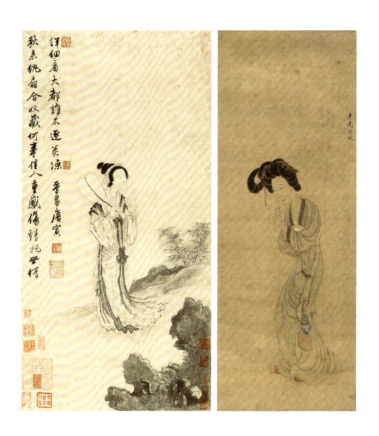

图2-10　明　唐寅　秋风纨扇图轴　上海博物馆藏（左）
图2-11　明　陈洪绶　拈花仕女图轴　上海博物馆藏（右）

悲凄、慵倦等意蕴。明代唐寅的《秋风纨扇图轴》（图2-10）和陈洪绶《拈花仕
女图轴》（图2-11）都使用了古典又淡雅的笔墨。画中的两位女子面容秀美，体
态婀娜，但神情中都透露出淡淡哀愁。她们手中的宫扇和海棠是画家的一种情
感寄托，在秋风中被搁置的纨扇影射了被丈夫抛弃的妻子，海棠花则象征女孩
的青春。画家借女子的愁思，抒发出世态炎凉、年华易逝的叹息。清代宫廷画

图2-12　清　冷枚　春闺倦读图轴　天津博物馆藏（左）
图2-13　清　费丹旭　罗浮梦景图轴　无锡博物院藏（右）

师笔下的美人与明代又有所不同。《春闺倦读图轴》（图2-12）里的旗人贵族仕女
手握书卷，斜倚在桌旁，姿势慵懒，室内陈设简单却不失雅致，整体氛围温柔怡人。《罗
浮梦景图轴》（图2-13）虽然取材于隋朝赵师雄在罗浮山梅花树下梦见仙女的故事，
但仙女的鹅蛋脸、长眉细眼和微点朱唇都体现出清代女性的特征，画面中梅蕊绽放，
美人独立其间，也体现了清代男性眼中女子的纤柔、清淡之美。

第二小节"绣罗翠微"包括"梳妆粉黛""华服美蕴"两个部分，关注古代女性的妆容、首饰、衣着。在男性凝视下，古代绘画呈现的女性多经过精心的梳妆打扮，佩戴精致的首饰，穿着靓丽的服装。这一小节除了让观众品味千百年前女子在妆容、首饰、服装上的时尚，也点出令人沉醉的梳妆粉黛、簪珥璎珞的背后是"女为悦己者容"与"照镜自省"的规训。

第一部分是"梳妆粉黛"。古代女性的梳妆过程具有私密性，但古代绘画中有不少描绘女性梳妆打扮的题材。在镜子发明前，古人以水照面，《设色渔妇晓妆图轴》（图2-14）里泛舟水上的渔妇就正以水为镜盘挽自己的发髻。之后铜镜诞生，成为古代女性常用的照容用具。在这一部分，我们展出了几面不同款式的铜镜（图2-15至图2-17），结合图版来告诉观众古代女性使用铜镜的方式：既可手持使用，也可将其悬挂或放置在镜架、镜台上。镜子为女性梳妆提供了方便，而在男性视角下，女性也通过镜子认识自己、反思自己、调整自己，以使自己符合社会审美标准，期望自己能够为"悦己者"喜爱与欣赏。

图2-14　清　张福康　设色渔妇晓妆图轴
浙江省博物馆藏

图2-15　元　洛神出水铜镜　浙江省博物馆藏〔左〕
图2-16　清　薛惠公造铭文镜　浙江省博物馆藏〔中〕
图2-17　清　喜生贵子福寿双全铜镜　浙江省博物馆藏〔右〕

　　接下来展览介绍了古代女性丰富的发式和妆容，呈现历代女性的审美与创新。古代女性的一头如瀑青丝，有着复杂的寓意。从披发到辫发再到发髻，以发髻的形式最为多样，其被赋予了许多形象而又浪漫的名称。展览用屏风式展板，以图文结合的方式介绍了几幅古代绘画中的发型。清代王素的《洛神图轴》（图2-18）展示了像蛇一样弯曲缠绕的灵蛇髻。这是魏晋女子的典型发髻之一，相传创始于三国魏文帝的皇后甄氏，她从蛇盘绕的姿态中得到启发，效仿制作了这样的发型。因为蛇盘绕的姿态并不完全一样，所以灵蛇髻也可以随形梳绕。明代的《仕女图轴》（图2-19）中的女主人梳着牡丹髻，它蓬松、高耸，是由很多股头发分别向上卷成，形似牡丹花瓣，整体也如同一朵盛放的牡丹，是明清女子的一种流行发髻。清代余集的《仕女图轴》（图2-20）呈现的是自清至民初流行的大盘髻，梳起来也比较简单，多用于中年女性。展柜里还陈列了古代的梳、篦，以及专门存放梳子的梳子箱。

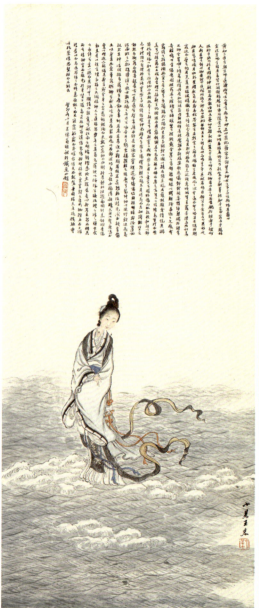

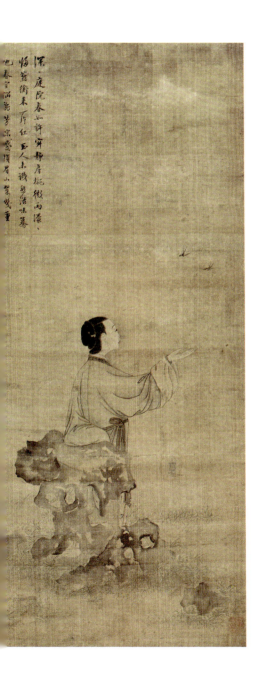

图2-18　清　王素　洛神图轴　浙江省博物馆藏（左）
图2-19　明　佚名　仕女图轴　浙江省博物馆藏（中）
图2-20　清　余集　仕女图轴　浙江省博物馆藏（右）

化妆

早在商周时期女性就已开始在面部进行妆饰，几千年来创造了丰富且各具特色的妆容。无论是淡妆还是浓抹，不变的是古代女性对于美的追求。

古代女性用米粉和铅粉制作的妆粉敷抹于面部，来改善肤色。粉主要为白色，也有红色。图中妇女所饰为三白妆，其特点为额头、下巴、鼻梁三处着重涂白。

明 杜堇《仕女图卷》 上海博物馆藏

古代女性画眉用黑色的石黛等材料涂染眉毛，来修饰和改变眉形。古代眉式种类繁多，其中唐代眉式最为丰富夸张、变化新奇。

唐 无款《舞乐图》 新疆维吾尔自治区博物馆藏

唐 无款《弈棋仕女图》 新疆维吾尔自治区博物馆藏

唐 周昉《挥扇仕女图》 故宫博物院藏

唐 周昉《簪花仕女图》 辽宁省博物馆藏

1 敷铅粉　2 抹胭脂　3 画黛眉　4 贴花钿
5 贴面靥　6 描斜红　7 涂唇脂

唐代女性化妆示意图
周汛、高春明《中国历代妇女装饰》

图2-21　"化妆"组团屏风式展板

图2-22　明　龙泉窑青瓷三连柿形粉盒　浙江省博物馆藏（左）
图2-23　清　朱漆描金人物梳妆盒　浙江省博物馆藏（右）

　　早在商周时期，女性就已开始在面部进行妆饰，几千年来创造了丰富且各具特色的妆容。无论是淡妆还是浓抹，不变的是古代女性对于美的追求。屏风式展板上呈现了古代女性化妆步骤的示意图（图2-21），以让观众有直观的了解：先打粉底（过去叫敷妆粉），用米粉和铅粉混合来打底。然后涂抹胭脂来提升气色，再画眉。之后根据妆容可能还有抹额黄、贴花钿、贴面靥、画斜红。最后的唇妆是点睛之笔，大部分年代的女子偏好樱桃小口，将嘴唇画得略小，填上鲜艳的红色，在清代有的妇女还会把嘴唇画成桃花的形状。屏风式展板上还截取了古画上的蛾翅眉、八字眉、拂云眉等，这都是一定时期的流行款。展柜中还陈列了古代用来存置化妆品的胭脂盒、粉盒（图2-22），以及保存妆具的梳妆盒（图2-23）等相关文物。

　　"簪珥瓔珞"部分以古代绘画、配套文物、圆形图版相结合的方式，依次展示古代女性的发饰、耳饰、项饰、腕饰、指饰。这些首饰有各类宝石，比如玉石、琥珀、水晶，更多的是金银铜器等。从远古时期的辟邪祈福，到日益显著的审美装饰功能，玲珑美物中大有乾坤。

图2-24　明　玛瑙发簪　浙江省博物馆藏（左）
图2-25　清　点翠三多纹鎏金银钗　浙江省博物馆藏（右）

　　首先来看发饰。古代女性在发式梳成后，还会根据服装、场合、时令、节日等，精心搭配各种发饰，如插戴簪、钗、步摇、鲜花等，或系戴抹额，为发间更添一抹风情。单股发饰叫发簪（图2-24），双股发饰则叫发钗（图2-25），而额外配有流苏等挂件、会随人体运动摇晃的叫步摇。清代蒋升旭《梅花仕女图轴》（图2-26）中仕女额间的青灰长条形发饰叫抹额，展柜里的清代抹额绣有精美图案。

　　接着来看耳饰。古代女性的耳饰主要有耳环、耳坠两类。除了装饰功能，封建礼教社会中穿耳又发展出了规范妇女行为的含义，因此佩戴耳饰的风尚在礼教与装饰的交织中与世浮沉。直接固定在耳朵上的是耳环，而像清冯箕《设色仕女图轴》（图2-27）中垂挂下来可以晃动的是耳坠（图2-28）。

　　再接下来看戴在颈部的项饰，主要有项圈、项链、璎珞等。项饰起初是能力、财富的象征，随后又被审美体验所平衡，纳入女子妆奁，跃然颈间，经久不衰。

图2-26　清　蒋升旭　梅花仕女图轴
浙江省博物馆藏（左）

图2-27　清　冯箕　设色仕女图轴
浙江省博物馆藏（右）

图2-28　明　累丝灯笼形金耳坠　海宁市博物馆藏（左）

图2-29　清　金礼嬴　观音像轴　浙江省博物馆藏（右）

清代女性画家金礼嬴《观音像轴》（图2-29）中的观音，胸前配宝珠璎珞，寓意无量珍贵，妙法庄严。

　　再之后是手饰，包括手镯、臂钏、戒指等，皓腕纤指，拂袖间风韵毕现。比如清顾烈《蕉阴仕女图轴》（图2-30）中的女子佩戴的金色手镯很好地修饰了她的凝脂玉腕。

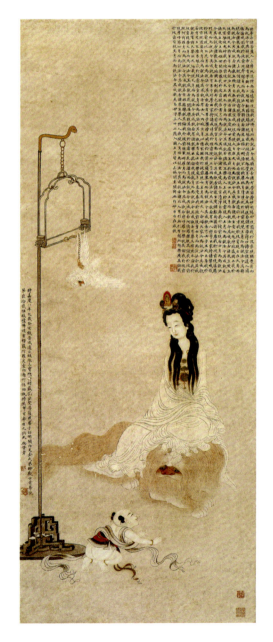

图2-30　清　顾烈　蕉阴仕女图轴　浙江省博物馆藏（左）

图2-31　清　双螭纹鸡心佩　浙江省博物馆藏（右）

　　最后来看腰饰，包括玉佩、香囊、荷包及其他携挂物。当丽人款款行来，发间簪钗摇曳，腰间环佩叮当，人未至，声已到。展柜里展示的双螭纹鸡心佩（图2-31）与清代沈史《独立仕女图轴》（图2-32）中的女子佩戴的玉佩款式相似。

　　第二部分是"华服美蕴"，关注古代女性的服饰。中国服饰历史如织锦般纷繁绚烂，不同的时代、地域、民族孕育了千姿百态的服饰。锦绣易逝，美蕴犹在。通过美人画像，当代人得以走进古代女性的绮罗世界。清代《设色仙女献果图轴》（图2-33）

图2-32　清　沈史　独立
仕女图轴　浙江省博物馆
藏（左）

图2-33　清　佚名　设色
仙女献果图轴　浙江省博
物馆藏（右）

中的高髻仕女外着朱红色的披风——披风流行于宋明时期，有宽大的袖口，一般是直领对襟，用系带或者纽扣来固定，衣身两侧开衩，前后片不完全相连，有点像旗袍的下摆。清代康焘的《冯夫人像轴》（图2-34）则展现了另一种外衣——斗篷。斗篷风行于多个时代，无袖无衩，穿时将其披于肩上，以带或扣系缚。斗篷轻便且易于穿脱，御风抵寒，实用美观。清代严湛的《赏音图轴》（图2-35）向观众展示了云肩的样子，搭配这幅画我们也展出了一件馆藏的清代云肩实物（图2-36）。云肩，也叫披肩，是汉族女子独特的服饰配件，最初用于保持领口和肩部的洁净，后来逐渐演变为肩部的装饰，常施以彩绣。

　　第一单元第三小节最后的展区集中展出了六套不同时期的女装的复原件（图2-37），分别是战国的襦裙、汉代连体的深衣、唐代齐胸的襦裙、宋代的褙子、明代的交领上衣和马面侧褶裙、清代样式的马面裙和北洋时期的对领上衣。它们都没有松紧带、拉链等现在服装常用的材料，而是用围裹的穿法，依靠系带、纽扣穿在身上，也体现了古人在制作衣服方面的智慧和审美。

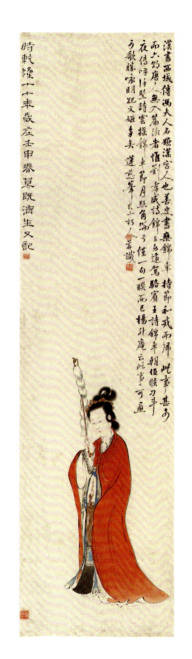

图2-34　清　康焘　冯夫人像轴　浙江省博物馆藏

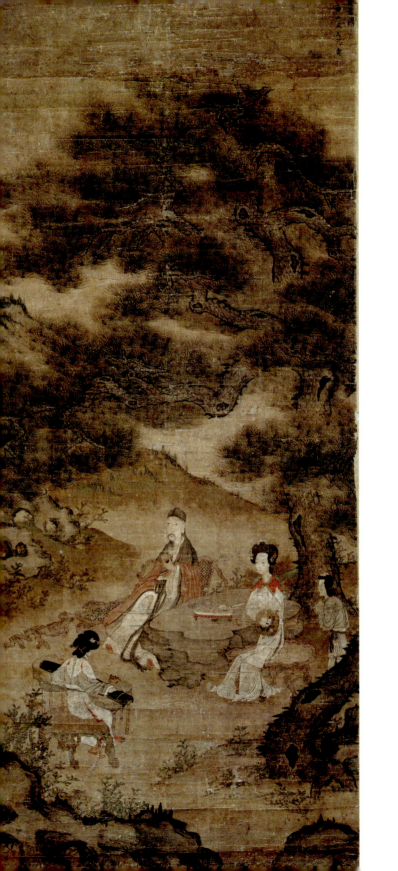

图2-35 清 严湛 赏音图轴
浙江省博物馆藏

图2-36　清　云肩　浙江省博物馆藏（上）
图2-37　六套服饰复原件（下）

（二）第二单元：云幕椒房

　　第二单元"云幕椒房"着眼于古代女性的生活空间（图2-38）。在传统文化影响下，社会生活中女性空间的存在方式和意义，标示出一种道德秩序和等级关系。古代社会对两性的基本规范是"男主外，女主内"，在漫长的古代生活中，虽然各个时代严谨和宽松的状况有所不同，但女性的生活基本被框定在以家庭为中心的狭小封闭的范围之内。"大门不出二门不迈"，女性起居行止的空间是局限的、循规蹈矩的，隔离于男性主导的广阔社会公共空间之外。这一单元分为"丽居静好"和"山水园林"两个小节，从室内的闺阁天地到户外的山水园林，让观众深入了解古代女性的生活空间，感受她们在封闭和局限中寻求自由和内心寄托的努力。

　　第一小节"丽居静好"带观众走近古代女性生活起居的私密场所——闺阁。闺阁是中国古代女性生活起居的私密场所,也代表着封建礼教和世俗观念的约束。描绘古代女子闺中生活的图画常常是透过遮掩的窗户、帘幕，窥见一小片内景。敞开的帘幕不仅意味着界限，也暗示着流通。窗户、帘幕、庭院之间形成了一个流动的空间，展示了闺阁女性对空间外部世界的渴望，小视角看大世界，同时也是大才情被小空间所限制。

　　首先看到的是清代费丹成的《设色四季仕女屏（之三）》（图2-39）。庭院中两棵梧桐交颈而生，透过八边形的窗户和半遮的帘幕，可以看见闺房内一位头戴金钗金簪、身穿绸缎华服的仕女端坐案前，似乎在享用桂圆；窗景中呈现出闺阁内的陈设，刻画精细，而这些陈设也可以在实物中得到印证。比如图中

图2-38　第二单元展厅全景（组图）

用来插花的瓷器，叫花觚（图2-40），束腰敞口，方便插花和添水。再如烛台（图2-41），底下的三足能使其保持稳定，中间收窄的部分可以抬高蜡烛，也方便持握，最上面的盛盘用来收集滴落的烛泪。在有限的天地中，古代女性用日常用品、家具、装饰品等装点自己的房间、庭院，也充盈了自己的生活情趣。

接下来的三幅画作画面相似，都透过圆窗展现闺阁女子。清代张钊《四季仕女四条屏（之一）》（图2-42）中两位女子在屋内轻轻卷起帘子，透过圆窗，看到屋外一片新绿，左侧蓝衣素裙的女子情不自禁地将手伸出窗外，似正与一旁伏着的女子说着闺中密语。她们身后屋内的高几上放着一个红釉胆瓶，里面插着花草，在清幽素淡的闺房中瞥见一抹鲜红，这样的搭配令人眼前一亮。

图2-39　清　费丹成　设色四季仕女屏（之三）
浙江省博物馆藏

图2-40　明　龙泉窑青瓷花觚
浙江省博物馆藏（左上）

图2-41　宋　青铜烛台　浙江
省博物馆藏（左下）

图2-42　清　张钊　四季仕女
四条屏（之一）　浙江省博物
馆藏（右）

图2-43　清　王裕卿　水墨仕女扇面　浙江省博物馆藏（上）
图2-44　清　费以耕、张熊　梅花仕女图横幅　浙江省博物馆藏（下）

清代王裕卿《水墨仕女扇面》（图2-43）描绘一位仕女双臂交叠趴于圆窗之上，
纳凉观景。窗上桐叶成荫，窗下竹石环绕。画面内容简洁，意笔草草，着墨不
多，虽不求形似，却也情趣盎然。清代费以耕、张熊合作的《梅花仕女图横幅》
（图2-44）则描绘了繁花密蕊间，一圆窗半隐半现，仕女掀开重重帘幕，探身赏
梅。费以耕所绘仕女秀丽端庄，张熊所绘梅花生机盎然，梅花与人物相互映衬，
可见两人默契的笔墨配合。

　　第二小节"山水园林"将目光转向室外。古代有条件的士大夫会在宅院中开辟园林，供家中的女眷游玩解闷。从幽闭的闺房走到明媚的室外，自然界的美景最能撩动她们的心绪。这一小节细分展示了古代女性在室外不同的行为活动，画中的她们看似闲适，却也常透露着冷清寂寥。

　　赏花是古代女子各个季节都可以进行的活动，首先展示的是一些探梅主题的画作。梅花自古以来就有着美好的寓意，它独自傲放在寒冬，有贞洁、坚韧、平和之意，被古代文人赋予了"元亨利贞"四种美德。将美人与梅花画在一起，反映了画家对女性品德的美好寄托，同时也为观众呈现出当时女子欣赏梅花的情景。比如清代汤禄名《设色折梅仕女图轴》（图2-45）描绘了一位身着淡蓝色上衣的女子立于一株梅树下，雪白寒

图2-45　清　汤禄名　设色折梅仕女图轴　浙江省博物馆藏

图2-46　清　顾洛　芭蕉仕
女屏　浙江省博物馆藏（左）

图2-47　清　顾洛　榴花仕
女屏　浙江省博物馆藏（右）

梅傲立枝头，女子手持折下的梅花，浅
笑欣赏。女子文静柔美的面容与洁白的
梅花交相辉映，画面清新淡雅，似有暗
香浮动。

相比探梅美人的安宁祥和之态，采
花的美人就更显得活泼灵动了。清代顾
洛的《芭蕉仕女屏》（图2-46）描绘了庭
院围墙边的芭蕉树旁，一位女子脚踩椅
凳，欲将墙外延伸入院墙内的娇艳花朵
摘下的情形。而顾洛的另一幅《榴花仕
女屏》（图2-47）中的美人已经将采得的
石榴花戴在了头上，她站在围栏边，手
抱树干，微微低头望向脚下的水面，以
水为镜照看仪容，水中鱼儿欢游搅乱了
水面的平静，人影也随之颤动。正如款
识所写："水上采榴花，水里窥娇面。
游鳞软软来，影动芙蓉颤。"

喝茶是中国人从古至今颇具特色的
生活习惯，古代女子也会携带茶具，在
室外品茗，想来别有一番风味。清代陆
鹏《设色竹里煎茶图纨扇面》（图2-48）
表现的就是仕女坐在竹林中，支起风炉，
手持纨扇煎茶的画面。展柜内搭配展示
了风炉、锡圆壶、茶碾、紫砂壶（图2-49）、
盖碗等茶具。

图2-48 清 陆鹏 设色竹里煎茶图纨扇面
浙江省博物馆藏（上）

图2-49 清 孟臣款紫砂壶 浙江省博物馆藏
（下）

图2-50　清　种玉　设色仕女扇面　浙江省博物馆藏

　　清代种玉《设色仕女扇面》（图2-50）中仕女喝的就不是茶而是酒了。她两颊绯红，面目微醺，在庭院中躺卧休息。她的面容在身旁芍药花的衬托下显得十分明媚动人。侍女走来准备叫醒主人，发现芍药花粉落满了她的衣衫，惹得蜜蜂纷纷萦绕在她身旁。

　　捉蝴蝶是古代女子钟爱的室外活动。清代顾洛《设色山水画直幅》（图2-51）中，红衣女子手执纨扇，双臂挥舞追扑翩翩起舞的蝴蝶，衣袂纷飞，娇憨毕现；远处一位素衣仕女望向此景，一手抚飘飘衣带，一手轻抬，美目低垂，娉婷袅娜。正如图画里描绘的那样，古代仕女常用纨扇来扑蝶。纨扇（图2-52）是古代仕女经常傍身的小物件，既美观又实用。

　　接下来是一组描绘古代女子水上活动的画作。清代吴宗甫的《仕女图屏》（图2-53）描绘仕女泛舟湖上的景象，日暖燕还，绿柳拂面，一池春水掩映其中，

图2-51　清　顾洛　设色山水画直幅　浙江省博物馆藏（左）

图2-52　清　棕竹柄亮地纱团扇　杭州工艺美术博物馆藏（右）

素面薄衫的女子独坐扁舟，凝视着水面，若有所思。清代胡术《设色仕女册页（之五）》（图2-54）则描绘了水边仕女垂钓的情景。她俯倚柳木，左手轻托袖口，右手执竿垂钓，神情怡然自得，又带有一丝期待，"钓丝风软柳丝长"，和煦的软风吹来，钓线和柳枝一同摇摆，闲适怡人。

更多的时候，室外活动对古代女子来说可能只是散散步、聊聊天、看看风景。展柜里陈列了一组描绘女子驻足观景的画作：有的女子手扶竹枝，立于竹石之间，任由衣裙随风飘动，仿佛遗世独立（图2-55）；有的女子立于庭院中伤春惜花，她轻倚落花树，微微小雨轻轻落，燕子双飞绕绕盘，正应了诗中"落花人独立，微雨燕双飞"的景象（图2-56）；有的女子背手而立，眺望远方，看起来清冷愁苦，却无人诉说。接下来还选取了两幅表现女性闲聊相伴的画作。清代胡术《设色仕女纨扇面》（图2-57）中的两个仕女或立或坐，隔着老梧桐的树干，相谈甚欢，旁边有一翠绿鹦鹉相伴，颇有一些闲趣。清代佩荪《设色仕女扇面》（图2-58）

图2-53　清　吴宗甫　仕女图屏　浙江省博物馆藏

图2-54　清　胡术　设色仕女册页
（之五）　浙江省博物馆藏（上）

图2-55　清　蒋升旭　仕女扇面　浙
江省博物馆藏（中）

图2-56　清　沈兆涵　设色仕女扇面
浙江省博物馆藏（下）

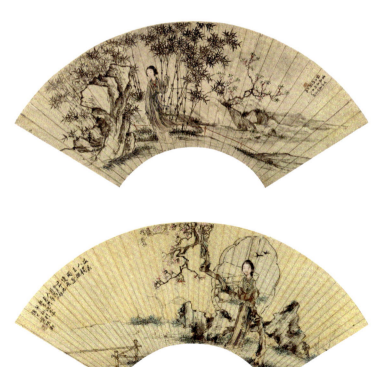

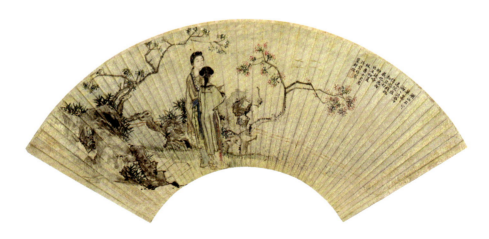

图2-57 清 胡术 设色仕女纨扇面 浙江省博物馆藏（上）
图2-58 清 佩荪 设色仕女扇面 浙江省博物馆藏（下）

描绘的是庭院芳草萋萋，莺鸟成双成对绕院纷飞，一位衣饰精美的温婉仕女与其侍女相伴消闲，侍女戏耍着用红豆打鸟儿，引得流莺飞向柳树枝头啼鸣。

（三）第三单元：庭院春深

第三单元"庭院春深"关注古代女性的多维身份（图2-59）。传统社会对女性的言行举止有着严格要求，透过历代女性题材绘画，可以看见一系列的礼教规训、道德伦理使大多数女子被束缚在深宅内院，归于家庭的依附、从属地位。但其间也有许多女性尝试突破枷锁、追求自我价值，绘画由此也成为她们抒发细腻情感、表现个人生活、诠释独特审美的重要创作语言之一，打破了"女子无才便是德"的传统观念。本单元包括"逝水流年"和"闺阁芳菲"两节。

第一小节"逝水流年"包括三个部分。第一部分名为"琴棋诗画"，展示了古代女性的琴棋诗画才艺。以唐代为界，女性审美主流从偏重日常实用和道德教化的"德言容功"，逐渐过渡到以"琴棋诗画"为代表的对生活品位和艺术气质的追求，而这一过程也是社会审美思想嬗变的过程。古代女性身在深闺，被一系列的礼教规训和束缚，不能像男子一样频繁地出行、聚会，即便如此，她们的生活也没有变得枯燥无趣，她们通过吟诗作画、弹琴下棋来陶冶情操，丰富自己的内心世界。

古琴（图2-60）又叫七弦琴，是中国传统乐器的代表之一，已经有3000多年的历史。古琴造型多样，不同的形态使得琴身产生不同的共鸣，从而影响琴的音色。古代绘画中的抚琴女子是古典的、优雅的、富有艺术气质的。这里首先展示的是一组独自抚琴的女性形象。如清代沙馥《仕女纨扇册页》（图2-61）绘竹帘半卷，女子坐在窗前素手抚琴，琴前放着香炉，红色的琴穗随意地散落在桌上，她低髻温婉，

图2-59　第三单元展厅全景（组图）

图2-60　清　同治九年款仲尼式七弦琴　浙江省博物馆藏（上）

图2-61　清　沙馥　仕女纨扇册页　浙江省博物馆藏（下）

望向窗外翠绿的伏柳，略带愁容，似有情思；
清代顾洛《抚琴仕女屏》（图2-62）绘女子坐于
山石上，侧身背对观者抚琴，姿态淡然自若，
身后的高石和树木仿佛都在静静聆听；明代丁
玉川《设色独坐弹琴图轴》（图2-63）绘女子在
柳树下抚琴，神色恬静，悠扬的琴音伴着炉中
香气袅袅而上，身后的柳枝被风缓缓拂动，款
识中写着"解愠鸣琴弹一曲，不为春愁不为花"。
接下来的两幅画中，抚琴女子有听众相伴：清
代张钊《四季仕女四条屏（之二）》（图2-64）
描绘盛夏时节，月下幽篁中，一年纪稍长的仕
女席地而坐，俯首弄琴，另一女子年纪稍小，
调皮地趴在山石上，轻摇团扇，低头听琴；清
代费丹成《设色四季仕女屏（之四）》（图2-65）
中两位女子坐在树下，红衣素裙、着宝蓝色披
肩的女子正俯首弹琴，她的同伴穿着素白衣裙，
斜倚树石听琴，陶醉其中。琴歌静好，窃窃闺
语尽在琴音中。

图2-62　清　顾洛　抚琴仕女屏　浙江省博物馆藏

图2-63　明　丁玉川　设色
独坐弹琴图轴　浙江省博物
馆藏

图2-64 清 张钊 四季仕女四条屏
（之二） 浙江省博物馆藏（左）

图2-65 清 费丹成 设色四季仕女
屏（之四） 浙江省博物馆藏（右）

琴棋诗画中的棋说的自然是国粹围棋了。一套围棋通常包含格子图案的棋盘和黑白双色的棋子，棋子分别装在棋盒中。下棋不但是一种休闲娱乐的游戏，也是一门体现格局和逻辑的学问。清代卜国光《仕女画屏（之二）》（图2-66）绘树木掩映间开一小窗，布帘掀起一角，露出窗边小桌。桌上摆有棋具、烛台，一位仕女倚靠桌边，翘首看向窗外，闲敲棋子，等待约好的客人。不觉已过夜半，灯花落下，窗外寂静依旧。

古时的女子通过阅读书卷增长见识，又通过吟诗作对来展现阅读的成果。古代女子所读的书籍多是教养妇女品德的内容，也有一些颇有想法的女性会更广泛地阅读各类书籍，闺阁与外界的联系非常有限，她们在阅读中相互交流，汲取知识，分享思考。比如清代费丹成《设色四季仕女屏（之一）》（图2-67）绘二乔相依坐在庭院中的榻上看书，姿态亲昵，共阅一册，专注入神。接下来一组画作表现的是女子作诗。比如清代费丹旭《设色仕女屏（之二）》（图2-68）绘夜晚屋外树影婆娑，一片朦胧，一女子坐在窗前执笔作诗，桌上井然有序地摆放着烛台、砚台、水盂等。诗句未成，忽而窗边晚风卷起一片桐叶飘摇落地，秋意渐浓。清代余集《仕女图轴》（图2-69）绘一仕女半倚在桌边，她一手执笔，一手托腮，思索诗句，神情娇憨可爱。

图2-66　清　卜国光　仕女画屏（之二）　浙江省博物馆藏

图2-67　清　费丹成　设色四季仕女屏（之一）　浙江省博物馆藏（左）

图2-68　清　费丹旭　设色仕女屏（之二）　浙江省博物馆藏（右）

图2-69 清 余集 仕女图轴
浙江省博物馆藏

接下来的圆形图版画面出自清代袁潮的《桐荫写竹图轴》（图2-70），向我们展示了女性作画的场景：女子坐于窗前，对着窗外庭院中的竹丛作画，已然能看到她画的墨竹惟妙惟肖。她左手压纸，右手正提笔欲蘸墨，动态优美，神色宁静。

本小节最后一件作品是本次展览的重点展品之一——《摹随园十三女弟子湖楼请业图卷》（图2-71），是清代叶衍兰临摹尤诏、汪恭所绘《随园请业图卷》的画作，描绘了袁枚寓居宝石山庄，女弟子携诗前往请业的情景，再现了清代中叶女子学诗风气的兴盛。女弟子在园内三两为伴，品香抚琴，吟诗作画，风雅闲趣。随园女弟子是中国诗歌史上少见的女性诗歌创作群体，其中多吴越才媛，她们凭自己的才情在男性主导

图2-70 清 袁潮 桐荫写竹图轴 苏州博物馆藏

图2-71　清　叶衍兰　摹随园十三女弟
子湖楼请业图卷（局部）　浙江省博物
馆藏

图2-72 《摹随园十三女弟子湖楼请业图卷》展品组团

的社会与文坛中留下了姓名。为了让观众更好地认识这些颇具才情的女子，我们在画卷上方制作了动画投影（图2-72），对这幅长卷进行动态的展示，配合文字来逐一介绍画中人物。画卷旁还展示了毛笔（图2-73）、笔架（图2-74）、镇纸（图2-75）、水盂（图2-76）、砚台（图2-77）等画卷上出现的文房用具。

　　第二部分"相夫教子"聚焦于女性作为贤妻良母的家庭身份。在封建社会，衡量一个妇女是不是"贤妻良母"，能否"相夫教子"是关键的标准。"相夫教子"作为封建社会对女性的持家要求，是横亘在高门闺苑与外部世界之间难以跨越的门槛。

①

②

③

④

⑤

图2-73　清　剔彩凤穿牡丹纹毛笔　浙江省博物馆藏　①
图2-74　清　茄皮紫釉笔架　浙江省博物馆藏　②
图2-75　清　浮雕双螭纹青玉镇纸　湖州博物馆藏　③
图2-76　清　康熙景德镇窑青花兰石鸡罩式水盂　浙江省博物馆藏　④
图2-77　清　群鹿纹金星歙砚　浙江省博物馆藏　⑤

首先看到的是反映母亲与年幼儿童相处的婴戏图。画面中母亲对孩子的温柔体贴与细致入微，使观者情不自禁对母亲产生尊敬与感激之情，无形中起到提升中国传统家庭中母亲地位的作用。比如清代费丹成《设色四季仕女屏（之二）》（图2-78）绘夏日炎炎，一对母子在荷塘边纳凉，母亲一手持羽扇一手拈花，梳着双髻的孩子肩扛钓竿向池边走去，夏日的轻松与趣味跃然纸上。清代《仕女合景图轴》（图2-79）中的上图是沙英所绘，画的是庭院芭蕉林中，母亲坐在芭蕉叶上，怀抱红衣婴孩逗哄哺育，不远处稍长的两孩童在嬉笑打闹，一派闲适童趣。在瓷器和象牙雕像（图2-80）中，也不乏关于幼童和母亲的形象。

另一类表现母子生活的是教子图。母亲的闺秀才情能对子女产生潜移默化的影响，教子题材反映了良母对下一代的培养教导，带有明显的教化寓意。比如清代费丹旭《听秋啜茗图轴》（图2-81）中的母亲慈眉善目，端坐于窗边小桌前，

图2-78　清　费丹成　设色四季仕女屏（之二）　浙江省博物馆藏

图2-79　清　沙英　仕女合景图轴
（局部）　浙江省博物馆藏（上）

图2-80　明　母子象牙雕像　湖州博
物馆藏（下）

图2-81   清   费丹旭   听秋啜茗图轴   浙江省博物馆藏（上）
图2-82   清   翁雒   鸿案联吟图卷   南京博物院藏（下）

桌上摆放着书本和茶杯，虽和孩子隔墙而坐，但脸上满是对儿子的倾听与关
注；书房外的少年手持书本，正刻苦读书。书声琅琅中啜茗听秋，闲适和乐。

　　在古代家庭关系中，夫妇关系是最基本的，夫妻双方日常相处要做到相敬
如宾，这在古代画作中也有所表现。比如清代翁雒的《鸿案联吟图卷》（图2-82）

描绘的是张澹、陆惠夫妇二人并排坐于屋内桌前，铺就笔墨，正在观景遐思、执笔联诗。在画中，妻子陆惠不仅可与丈夫张澹平起平坐，还可展示出其诗文才情，两人恩爱默契，谈诗论艺，可谓模范夫妻。

第三部分"素手女红"反映的是古代女性的劳动场景。古代社会的生产方式是以家庭为单位的小农经济，也就是男耕女织的社会分工。女红之事是女性的主业，而琴棋书画被定位为在完成分内事之后，用来消磨时间的消遣。女红也是衡量女子妇德的标准之一，纺纱织布、裁衣缝纫、描花刺绣等皆属于女红的范畴。

首先展示的是几幅描绘古代女性浣纱洗衣的画作，其中清代朱德新的《浣女图轴》（图2-83）

图2-83　清　朱德新　浣女图轴　浙江省博物馆藏

图2-84　明　孙熊兆　倦绣
图轴　浙江省博物馆藏

图2-85　清　麒麟送子纹刺绣帐沿　浙江省博物馆藏

展示了浣女的群像。这幅画构图巧妙：远处山石耸立，林木隐约；中间茂林修竹，浣女三两结伴，手提竹篮，临溪浣纱，她们体态曼妙，言笑晏晏；近处右下露出一条渔船，渔夫手撑船桨回望浣女，似乎在和她们谈笑交流。浣女的身姿与自然风光融合，颇具诗意，赏心悦目。

　　刺绣是中国古老的手工技艺之一，接下来这幅明代孙熊兆的《倦绣图轴》（图2-84）就表现了古代女性刺绣的场景。古意雅致的庭院中，仕女用高几架起一幅绣品，绣品已初具雏形。一仕女站立于绣架旁，衣袖半挽，手拈针线看着绣品；其身旁仕女倦容满面，斜倚在椅子上小憩；她们对面的仕女则手执书卷阅读。绣桌不远处的仕女执一蒲扇，似在为同伴准备茶饮。在这幅画作下方，我们配套展示了几件古代刺绣工具和绣品实物，其中麒麟送子纹刺绣帐沿（图2-85）可以说是一件重工绣品，上面的人物、花卉、动物都绣得惟妙惟肖，体现了绣者高超的技艺和优秀的审美。

　　第二小节"闺阁芳菲"精选了古代女性画家的作品，探讨她们的精神世界和自我意识，观众可以从这些画作中感受到古代女性画家对艺术的追求，了解她们在创作中所展现的独特视角和情感表达。虽然古代女性的教育资源远不如现在丰富，但各朝各代都不乏有才华、有思想的女子，她们不愿在精神上被奴役和驯服，努力冲破社会教化的枷锁，迸发出别样的思维火花。她们有的在家庭的尊重和支持下学习进步，有的身不由己却从未放弃自我追求，有的甚至成为职业书画家。本小节包括三个部分。

第一部分"才媛闺秀"介绍的是贵族家庭的才女画家，她们通常生活条件优越，受到父亲、兄弟或丈夫的指点与支持，能够在闺中研习书画，用笔墨开辟一小片精神自留地。她们的绘画在审美情趣上往往不离文人范畴，但表现出女性特有的细腻情感。

倪仁吉是明代吉安同知倪尚忠的女儿、礼科给事中倪仁祯的妹妹。倪仁吉聪明早慧，幼承家学，能诗善绣，亦工书画。这幅《人物轴》（图2-86）所画的靓妆美人，手持纨扇，神态娴雅，立于层层坡石畔，石上苍苔青青，菊花绽放，显得清幽素雅。

恽冰是清代吴中地区小有名气的女画家，13岁即作画，擅长花鸟画，她的花卉以没骨法尤为著名。没骨法是用笔直接点蘸颜色敷染的画法，也正是她的先祖、"清六家"之一的著名书画家恽寿平最擅长的笔法。这里展示了一级文物《玉洞仙株图轴》（图2-87），此图以设色没骨法描绘一株山桃花，枝干横斜，粉白花朵团团簇簇，点染细腻，画面绮丽富贵。

张常熹为清代书法家、金石学家张廷济的女儿，海宁查世璜的妻子。张常熹得父家学，自家及夫家均为书香门第，受到浓厚的艺术滋养。展出的这幅画是张常熹与父亲一同完成的《诗画册》（图2-88）中她所画的一幅紫藤花。这本册子是父女俩日常咏物、题画、往来书信的合辑，既富有生活情趣，又足见父女情深。

顾韶的父亲是清代画家顾洛。顾洛工于人物、山水、花鸟画，所画的仕女古典秀丽，尤为著名。顾韶从小受父亲熏陶，花卉与人物都画得很精妙，甚至

图2-86　清　倪仁吉　人物轴　浙江省博物馆藏（左）

图2-87　清　恽冰　玉洞仙株图轴　浙江省博物馆藏（右）

图2-88　清　张廷济、张常憙　诗画册（之一）　浙江省博物馆藏

有传言说顾韶画的玫瑰能招来蝴蝶。这里展示了父女合画的《蕉阴品兰图轴》
（图2-89），还有一组顾韶的《设色花卉册页》，画了牡丹（图2-90）、绣球、月季、
虞美人、白莲、蓼花、木芙蓉、牵牛、幽兰、灵芝、蜡梅等各色花卉，花瓣用
的就是之前提过的没骨画法，层层敷色，并用白粉点染，枝叶则勾染结合，用
色秾丽细腻，并有一定的光影体积感，使花朵显得更加丰满立体。

图2-89　清　顾洛、顾韶　蕉阴品兰图轴　浙江省博物馆藏

图2-90　清　顾韶　设色花卉册页（第一开）　浙江省博物馆藏

　　清代的徐宝篆善绘仕女，衣褶发饰，精细绝伦，她的丈夫李修易也善画、工篆刻，两人合画的作品可谓风行一时。这幅西子浣纱题材的《仕女图轴》（图2-91）就是徐宝篆的作品，人物面容和衣饰刻画精细，敷色清丽柔和，体现出女性画家的婉约含蓄。

　　王采藻是清初山水画家王原祁的后人，家学深厚，母亲张纨英、姨母张纶英、姐姐王采蘋、王采蘩、王采蓝等人都擅长诗文书画，家族中的闺阁风雅名动一时。

图2-91　清　徐宝篆　仕女图轴　浙江省博物馆藏

图2-92　清　王采藻　设色梨花横幅　浙江省博物馆藏

她擅长花卉，比如展出的这幅《设色梨花横幅》（图2-92）中梨花枝干横出，枝上鳞峋多节、青苔密布，花叶虽浅淡，但团团簇簇、繁密无间，似有无限春意。

第二部分"才情风雅"展示的是青楼女子的画作。如果说大家闺秀是温室中被细心呵护的花朵，那么青楼女子就是风雨中的浮萍，她们犹如别人手中的玩偶，不得不附庸风雅，但其中也不乏多情、侠义、温柔缱绻、充满灵性的生命姿态，在书画艺坛留下了流光溢彩的笔墨，绽放出别样的生命之美。

林雪是明末名妓，工于书画，笔法松秀闲逸，设色淡雅文静，颇有传统功力。根据《西湖逸史》的记载，她临摹古画可以以假乱真。她居住在杭州西湖期间，在文人士大夫的圈子里颇有名气，当时的名流董其昌、陈继儒等都曾写文章称赞她。这幅《山水图轴》（图2-93）描绘了一片清冷静谧之景：近景绘河边堤岸，

图2-93　明　林雪　山水图轴　浙江省
博物馆藏

山石伫立，古松苍劲，行路旅人正匆匆行过溪桥；中景绘小道蜿蜒曲折，村屋掩映林中，空寂而不荒凉，清新而辽阔；远山仅墨色勾勒，清旷明朗。

第三部分"才思隽秀"向观众介绍了那些冲破束缚，从封闭的家庭走向开放的社会、从女性小我迈向社会大我的职业女画家。她们或卖画自给，实现经济上的独立，或结社雅集，拓展交游圈，在更广阔的空间实现自己的价值。

李因是明末清初的女诗人、画家，早年是江浙名妓，与柳如是齐名，后来嫁给海宁的光禄卿葛征奇为妾。她擅长画梅竹花鸟，多用水墨，笔法苍老，无女子纤弱之气。她也善作诗，诗笔清奇，有中唐遗韵。葛征奇去世后，她孀居以笔墨自给。这里展示了李因的几幅水墨花鸟画，比如她晚年所作的《松鹰图轴》（图2-94），绘

图2-94　清　李因　松鹰图轴　浙江省博物馆藏

老松独立，枝叶劲挺，苍鹰栖息于松干上，回首凝视前方，富有生机。画面以水墨小写意绘就，笔墨苍润厚重。

　　清初的闺秀喜欢结社，徐灿正是著名女子诗社——蕉园诗社的"蕉园五子"之一。她不仅擅长诗词，也精通书画，所画仕女设色淡雅，笔法古秀，工净有度，晚年画水墨观音，间作花草。这幅《观音大士图轴》（图2-95）纯以墨笔绘观音大士像，笔法古秀，线条柔韧舒展，观音仪态恬静雍容。

　　陈书被誉为"清代女画家第一人"，画技、题材十分全面，画山水、花鸟、人物各具神采，工笔、写意、重彩、水墨各具特色。乾隆年间，她的儿子、儒臣钱陈群把她的作品进呈宫廷，清皇室赏识她出众的绘画才能，肯定了她贤良淑德、教子有方的品质，她也成为历史上画作入藏宫廷最多的女画家。这幅《兰石轴》（图2-96）纯以水

图2-95　清　徐灿　观音大士图轴　浙江省博物馆藏

图2-96　清　陈书　兰石轴
浙江省博物馆藏

图2-97 清 陈书 设色花鸟册（第一开） 浙江省博物馆藏

墨描绘坡石及幽兰两丛，兰叶修长舒展，兰花轻盈灵动，坡石笔墨浓淡相宜，突出兰草，是画家晚年的笔墨，可谓闺秀写兰中的佳品。展出的另一件陈书的作品是《设色花鸟册》（图2-97），现存有十开，以小写意的画法为主，糅合宋代花鸟笔法，描绘了一年四季中各色折枝花果与禽鸟，妍丽雅致，热闹纷呈。

　　孙云凤师从袁枚，是清中叶吴越地区最主要的女子创作群体"随园女弟子"中的佼佼者。她生性聪慧，诗词绘画皆能。丈夫程懋庭憎恶"女子弄文"，最终将她

图2-98　清　孙云凤　明湖饮饯图卷　浙江省博物馆藏

休弃。她的《明湖饮饯图卷》（图2-98）绘岸边屋舍，长堤横亘，远山连绵，山色与笔墨交融，湖光与灵气俱化。卷后有孙云凤及当时诸多才女之跋，生动展示了孙云凤与诸人的雅集盛况，以及才女通过唱和、结社、拜师等社交活动，使自身创作在文人社会得到认可的事迹。

黄之淑是清代著名诗人陈文述的弟子，工诗书，善山水墨竹，又用双钩水仙法绘双钩墨兰，别具特色。她凭借自己的才华成功地融入了江南文人的圈子。展出的这幅《墨竹图轴》（图2-99）上的细竹长在石间，竹子姿态自如，刚中蕴柔，竹叶浓淡相交，疏密错落，画面的节奏韵律巧妙。

缪嘉惠是清代传奇女画家，丈夫早亡，早年以卖画为生，后因画艺出众，在清光绪年间入宫供奉绘事，教慈禧画画，或为其代笔作画，得到了慈禧的优待。她的风格以工笔为主，也兼写意，传世作品很多。这里展示的《设色山水人物纨扇面》（图2-100）是光绪十二年（1886）缪嘉惠经其族弟缪荃孙介绍，为当时颇具声望的李慈铭所画的纨扇面。画中李慈铭提笔蘸墨正欲填词，院中芳草萋萋，桃柳并放，一位身材纤细的少女正低头沉思，远处湖山靡靡、江水悠悠，一派江南风光。

图2-99　清　黄之淑　墨竹图轴　浙江省博物馆藏（左）

图2-100　清　缪嘉惠　设色山水人物纨扇面　浙江省博物馆藏（右）

图2-101　当代女性艺术空间（左）
图2-102　施慧　本草纲目·2（右）

（四）尾声：当代回响

展览最后特设当代女性艺术空间（图2-101）作为尾声，展出了三位当代女性艺术家独具风格的艺术作品，展开一场古典与当代、画里与画外、个人与群体的对话。这缩短了古代文物与当代现实之间的距离，实现了历史与当下的议题连接，构建了融合"艺术审美"与"身份审思"的博物馆思辨空间。

三组作品分别来自50后、70后、90后的女性艺术家。50后艺术家施慧创作的《本草纲目·2》（图2-102）将干枯的植物和纸浆结合在一起，在视觉上带来一种凝固的美感，呈现传统文脉的诗意；70后艺术家潘汶汛创作的《秀幽于秋》（图2-103）描绘了一些巨大的人像在山麓中坦然自在的样子，没有具体的活动，只是这么与山林、蔓草、动物一起幽然生长；90后艺术家刘禹君创作

图2-103　潘汶汛　秀幽于秋（上）
图2-104　刘禹君　宫（下）

的《宫》（图2-104）描绘了一群有别于大众印象的清宫仕女，年轻女子身着华丽的宫装，前行、飞速奔跑，散发着蓬勃的生命力。

　　笔墨沁染流转的时光，织物包裹柔韧的内心，丽人未曾行远，她是她，是你，是我，是我们的她。所见，是我们来时的路；所向，是我们未达的远方。

三、展厅亮点解析

　　置身于"丽人行——中国古代女性图像展"的展厅，观众将被许多融合展览特质的细节设计包围，在欣赏展品、品读故事之余，还可以在这个特别的场域中去发现与对话，感受细节中的余味。接下来我们选取一些亮点进行解析。

（一）人形立牌打卡区

　　进入展厅，观众会看到一组古代女性人形立牌，配合印有原创诗歌的网格布挂片，充满氛围感，增强了展览的互动性和趣味性。这些与真人尺寸接近的立牌（图2-105）取材于浙江省博物馆馆藏古代画作中的女性形象，直观呈现了古代女性不同的发型、服饰、体态、活动，让观众对古代"丽人"有初步的印象。同时，这些人形立牌借助典型的女性人物，强化了女性个体的独立性与完整性。该区域是备受观众喜爱的拍照打卡区（图2-106），观众在与古代丽人合影的过程中拉近了古今的心理距离。

（二）隐喻意象元素

　　展览中使用了颇具新意的屏风式展板（图2-107、图2-108）和大量的门、窗、帘等意象（图2-109、图2-110），隐喻展览的主体"丽人"是怎样的一个群体。

双面UV打印

5mmPVC

中间开槽，铁件固定

图2-105　人形立牌设计图（上）
图2-106　人形立牌打卡区实景（下）

金属框（金属银色）

拉丝银反光材料覆磨砂膜
底板高密度板

UV喷绘

合页

图2-107　屏风式展板
设计图（上）

图2-108　屏风式展板
实景（下）

图2-109　展厅中的门元素（上）
图2-110　展厅中的窗元素（下）

一方面，这些有形的屏风、门、窗、帘其实是束缚古代女性的无形的分界线，圈起了"丽人"所"行"的一个个常态化空间；另一方面，这些有形的屏风、门、窗、帘成为展览巧妙的"入口"，可以引起观众窥探的好奇心，使其关注展品及其背后的故事，走进古代女性丰富的内心世界。

（三）诗画场景

展厅中穿插了多个围绕板块小主题的"诗画场景"（图2-111、图2-112），借助屏风、门、窗、帘等元素营造古代女性生活空间的氛围感，并搭配四季植物、庭院风景、闺房摆设。场景中立牌的人物形象是中国美术学院国画人物专业硕士生伍俊为本次展览所绘制，诗歌是杭州西湖博物馆总馆黄蓓蓓根据不同板块主旨所作，诗歌的字体并非直接由电脑生成，而是由中国美术学院书法专业硕士生黄杨书写。可以说，每一处场景都融入了当代人的理解与情感。这些诗画场景既强化了对相应板块小主题的诠释，体现了当代女性主义的关怀，也丰富了视觉层次，给观众以沉浸式的观展体验。

（四）"丽人行"IP概念短视频

在展厅里观众可以看到"丽人行"IP概念短视频，这是对"丽人行"IP进行拓展的一次尝试，旨在以短视频的形式、超现实主义的手法，通过古今对话来解构代表性女性图像的神韵，营造神秘感，吸引观众参与，使观展体验得到充分提升。

图2-111　梳妆主题诗画场景（上）
图2-112　闺阁主题诗画场景（下）

图2-113 现代女性穿越至镜中
的古代社会（上）

图2-114 诸多古代女性图像的
融合（下）

　　"丽人行"IP 概念短视频运用创新的手法和理念，以引人入胜为宗旨，将
古代女性图像与人文情怀、参与感、当代艺术表现等进行有机结合，为未来同
类形式影片的叙事手法提示了新的探索方向。而在美术风格和音乐设计上，"丽
人行"IP 概念短视频做了诸多有益尝试。

　　短视频中，一位现代装束的女性穿越到古代（图2-113），变身古代仕女画
中的人物，完成了一次对中国古代女性图像的检阅（图2-114）。

　　在配乐上，创作团队选用民乐新国风的处理手法，在短短几秒钟内实现了
西洋乐器向民族乐器的快速转化，使音乐成为整个视频的呈现主角之一。

（五）《摹随园十三女弟子湖楼请业图卷》动画

　　展厅里为《摹随园十三女弟子湖楼请业图卷》这一重点展品配套制作动画，借助多媒体手段进行生动的演绎，并以展柜玻璃为载体，作为辅助展品与其他书画文物一同展出。动画采用圆形构图，与展厅中其他圆形图版的设计相呼应；整体运用三维建模，使平面的二维图像具有一定的空间感；在搭建的空间中，"机位镜头"跟随画作从右到左移动，实现"移步换景"的动态效果；结合静态画作中每个人物的状态，为其设计动作和表情，让画面更加灵动，也让画中的人物具有"生命感"。

　　由于说明牌容纳的文字数量有限，画中各个人物的信息无法具体展开，而通过数字手段可以无限延展。在展览中呈现这幅画作时，我们希望观众可以在参观展览时认识画中的每个人物分别是谁，并初步了解这些才女的个人成就。因此，我们在圆形画框上面设置了一个拓展区域，伴随着画面闪动，动画的上方会出现画中人物对应的信息以及她们的代表作（图2-115）。

图2-115　《摹随园十三女弟子湖楼请业图卷》与配套动画

麗
人
行

Fair Ladies

策　展

多元创新的策展实践

莫怕再往外走，
探访远游，交往—跨越。
谁被恩赐幸运，
身体丈量广阔天地，
头脑翱翔智识世界，
从此埋葬了恐惧？

一、以古启今的策展理念

（一）国际话题

博物馆在其早期的存在历史中，往往反映了一种男性视角的叙述，即便观众未必能敏感地察觉，这一潜在的性别不平等仍已深植人心，被默认为一种"官方"的表达方式。因此，随着女性主义研究在国际范围内的潮涌，性别议题在博物馆体系内也逐渐得到关注和讨论。无论是古代文明的陈列还是近代历史的展览，女性的故事往往在展览叙事中被边缘化、简化或完全忽视，她们在展览中或许是谁的夫人、谁的母亲、谁的女儿，在史书典籍中能留下姓名者也凤毛麟角……于是我们渐渐发现，在当前历史的叙事中，女性是"隐形"的，或是"残缺"的，正如琳达·诺克林（Linda Nochlin）在 1971 年发表的那篇经典文章《为什么没有伟大的女艺术家？》（"Why have there been no great women artists？"）（图 3-1）中指出的，女性被排除在艺术历史主流之外，并非因为女性缺乏天赋或能力，而是社会结构和制度偏见在阻碍女性的个人发展。当下，女性主义在文化艺术领域获得响应，并逐渐在展览中得以传达。然而女性的发展困境并不只是存在于某一领域，而是存在于社会历史中的方方面面。因此，作为公共文化机构的博物馆应该看见并关注随着时代发展而显露的现象，进而利用其影响力来推动更广泛的社会讨论和反思，以创造良好的社会价值。

1.参与话题——博物馆与性别的国际语境

20 世纪 70 年代以来，在世界范围内，随着女性主义讨论延伸到女性在家庭、

图3-1　琳达·诺克林《为什么没有伟大的女艺术家？》50周年纪念版封面及部分内页

工作和社会中的地位和权利等领域，博物馆与性别的国际语境也开始得到完善。在女性研究者、女性艺术家的努力下，女性题材成为博物馆、美术馆等相关机构重要的展览资源，女性主题在博物馆和艺术展览中开始得到广泛关注（图3-2至图3-9）。这些展览试图挑战传统的性别角色和性别期待，反映女性的真实生活经验，有的着眼于女性外在的形象，有的关注社会剧变中女性角色的转变，有的展现女性在文学、艺术、科技等领域的成就。这类新展览力图让观众全面了解女性在历史、社会和文化中的存在事实，并期待改善当下的社会性别建构体制。

在国际语境中，博物馆已经由公共文化的展示空间拓展为社会文化议题的对话空间。从反映和批判历史性别偏见，到展现全球女性经验，再到挑战和拓展价值体系，女性议题在博物馆展览的历史中与时俱进。诺克林的发问不仅质疑了艺术界，更揭

图3-2　百白花　展品　日本"绽放　枯萎　绽放"展（上左）
图3-3　大城市　展品　法国"她们创作抽象主义"展（上中）
图3-4　"欧洲数学领域的女性肖像"展海报（上右）
图3-5　反映20世纪40年代女性厨雕的照片　展品　英国"女性之高尚"展（下左）
图3-6　反映使用由女性发明的洗碗机的照片　展品　美国"有创造力的女性：美国女性的创造与发明"展（下右）

图3-7　被酒精摧毁的跳河少女　展品　英国"堕落的女人"展（上左）

图3-8　瑞士"少女躯体的挣扎"展海报（上右）

图3-9　澳大利亚"邪恶女人"展展厅内景（下）

露了整个文化领域的性别偏见。对博物馆而言，不仅要增加对女性艺术家作品的展示，还要通过打造好的展览参与性别议题的讨论，成为性别对话的前沿阵地，为公众提供一个开放性和反思性的空间。

梳理半个多世纪以来的女性主题展览实践，其议题可概括为四个方面：一是性别认同与形象角色。这类展览常常通过展示女性在日常生活、家庭和社会中的多重角色，来反映她们身份和经验的多样性，挑战传统的性别角色和期待，重新定义女性的身份和地位。此类展览力图真实展现女性形象和女性生活。二是权利斗争与身份反抗。这类展览突出了女性在不同文化和社会背景下的权利斗争，以及她们如何利用身边的资源进行反抗、如何表达和维护自己的权益。此类展览通常包含较为显著的社会批判成分，具有较强的观点性，试图揭示和反思女性在社会中的地位和权力结构。三是女性身体与自主权。21世纪以来，越来越多的展览开始关注女性的身体和身体自主权，探讨女性身体在社会和文化中是如何被理解和塑造的。在这些展览中，女性身体相关的展品常被用于探讨如生育权、性暴力和身体自主权等话题，并且此类展览往往会收到强烈而两极化的社会反响。四是跨文化对话。如今，世界文化交流日益密切，越来越多的展览开始关注不同文化与社会背景中的女性，为女性议题提供了一个全球性的视角。这类展览尝试构建一个多元化和包容性的空间，促进全球范围内关于女性的跨文化对话和交流。

浙江省博物馆打造"丽人行——中国古代女性图像展"，主要基于三个考虑。

从文化交流、学术交流的角度来说，中国作为人类重要文明发源地之一，千年历史长河中的女性同样是失声的，聚焦中国古代女性群像，既是对当下国际热点话题的积极参与，也是进行国际文化交流、学术交流的重要路径。正如前文所述，从当前国际学界人文领域的热点来说，女性主题、性别研究正在掀起第三波乃至第四波变革的潮流。"丽人行——中国古代女性图像展"策展团队切实身处博物馆与性别议题的国际语境之中，通过对全球女性主题展览的深入调研，了解博物馆研究体系下对社会性别关系发展历史的呈现，加之不断与业内人士、性别研究者等开展交流，从而在策展过程中能够从博物馆馆藏研究的角度，立足于博物馆体系而不局限于该体系，使用去观点化的方式来引发观众共同思考。

从博物馆文物藏品研究和中国传统艺术的角度来说，"丽人行——中国古代女性图像展"在策展中着重发掘仕女图等展示多样女性形象的展品，严格进行筛选，令更多"休息"在库房中的文物真正"活"起来。"丽人行——中国古代女性图像展"对文物的展示，并未局限于实物展示，还有二次创作和数字化展示，将中国古代女性带入世界视野，站在中国传统文化艺术的角度参与博物馆与性别议题的国际讨论。

从博物馆学的角度来说，"丽人行——中国古代女性图像展"是对展览的叙事方法的一次突破。以群像为主题，以人为根本，策展人将各类文物的研究内容以场景化的方式在展厅内进行组合式呈现，这种紧扣主旨而又散点化呈现的叙事方法，有助于激发观众的开放性思维，邀请观众成为展览话题的阐释者。

2.发起讨论——女性主义在中国博物馆

国际上的女性主题展览已经成为一个重要的艺术和文化现象。通过这些展览，人们不仅可以欣赏到高质量的文物和艺术品，还可以进一步了解和思考女性在全球范围内面临的挑战和机遇。对策展人来说，这也提供了一个发起讨论的机会，即通过展览来推进两性话题的讨论，加强对女性权益的保障。在中国的博物馆领域，性别议题正得到多层面的关注和讨论（图3-10至图3-17）。

尽管中国自身的学术体系并未发展出系统化的女性学科以及出版体系化的女性主义著作，但女性主义思想的萌芽早已产生。现代中国的女性主义理论研究发展受到国内外多重因素的影响，既有传统文化的烙印，也有现代思潮的涌动，在西方学者丌辟的性别问题研究语境中，中国与世界呈现着一些共性，但自古代到当代，始终有着属于中国女性的独特性命题。策展人只有加以细密的体察，方能够发起一场直击靶心的性别讨论。

图3-10   "盛世佳丽 ——唐代仕女生活展"海报（上左）

图3-11   "环肥燕瘦——汉唐长安她生活"展海报（上中）

图3-12   "物·色——明代女子的生活艺术"展海报（上右）

图3-13   "她——女性形象与才艺"展海报（下）

图3-14   "风尚与变革——近代百年中国女性生活形态掠影"展海报（上左）
图3-15   "衣袭华美——百年海派旗袍的前世·今生"展海报（上右）
图3-16   "铅华黛色——明清民国闺秀书画展"海报（下左）
图3-17   "潘玉良：沉默的旅程"展海报（下右）

　　作为展览标题的"丽人行"，想必观众不会感到陌生，它来自杜甫的《丽人行》，但是，我们赋予了"丽人行"新的含义：第一，"行"是一个形容词。千百年来，女性为自我解放和社会进步做出了不懈的努力，我们希望借此表达"丽人，行！"的理念，说明丽人的进步从未停止。第二，"行"是一个动词。当下的丽人也面临着很多全新的亟待解决的问题，这需要丽人永远"行"在路上，成为持续发光的、有力量的群体。《丽人行》的原诗带有贬讽的意味，以女性的奢靡来讽刺揭露统治者的荒淫腐朽，我们在取名时希望改变这种贬义的、奢靡的形象，让"丽人行"真正成为一首女性主语的美好诗歌。

　　综观中国已有的女性主题展览，对不同时期中国女性世界的展示可谓洋洋大观，"丽人行"希望迈出新的一步。我们认为，发起一场讨论所得到的收获或许远大于抛出一个观点。一方面，这是与观众的对话讨论。在"丽人行——中国古代女性图像展"策展之初，我们就明确了如下立场：用历史眼光、当代视角，全方位解读，提供翔实、真切、多维度的展览内容，鼓励观众自由生发思考、加入讨论。展览的核心主题，正如其副标题所述——中国古代女性图像展，整个展览主题鲜明，却是去中心化的、群像化的，我们希望以这样一个开放式的主题，引发观众对性别议题这一社会热点进行思考。另一方面，这是与专业人士、学术同行的对话讨论。在策展工作中，我们发现博物馆所藏的诸多女性图像在书画研究领域是边缘化的，女性相关的文物也有相似的境遇，这侧面反映了目前博物馆藏品管理和研究工作中的遗憾。这些藏品平时在库房中多有蒙尘，但事实上其中不乏精品，只是鲜有机会与观众见面。由于展览主题的创新性和展出文物的综合性，"丽人行——中国古代女性图像展"一定程度上对浙江省博物馆的库存文物进行了盘活。我们在对授权展品进行整理的过程中也发现了一些学术上的问题，在与借展方进行沟通和核实后进行信息更新，这些工作实际上也促进了博物馆藏品研究的业内讨论。此外，我们也致力于组织论坛、研讨会等学术交流配套活动，聚焦博物馆行业与现实生活中的女性发展。"丽人行——中国古代女性图像展"对当代性别问题的直面，体现了博物馆面对时代话题的使命担当。我们深深扎根于中国文化传统，而怀抱仍面向世界。在"丽人行"云展览与线下展览的组合中，我们不仅实现了多语种讲解，还实现了多维度、深层次的图像内容信息检索，建立了全球第一个中国古代女性图像题材的专题数据库。在海外，"丽人行——中国古代女性图像展"被新加坡中国文化中心等多个中国文化中心推介，已经具有一定的国际影响力。我们也希望展览所发起的讨论，能在世界范围内激起更大的涟漪。

（二）当代价值

在初步确定展览主题、决定"做什么"之后，策展团队开始思考"怎么做"。我们不仅希望能够发掘馆藏文物的价值，让文物"活起来"，也希望我们的讨论是有价值的。对"丽人行——中国古代女性图像展"展览价值的诠释是一个长期的过程，最初的指导理念即脱胎自策展人多年来对女性图像和女性话题的研究积累，伴随着策展工作的推进，我们思考的广度和深度进一步拓展，同时，不同背景和专业的团队成员和合作者也碰撞出了精彩的火花。

由于女性主题展览相较于博物馆机构的传统展览类型更具有新博物馆学体系下多元学科的研讨属性，且性别议题也是近年大众关注的热点话题，因此，我们认为展览虽然落脚于中国古代女性，以古代文物的内容深耕为基础，但其精神内核是与当代社会紧密相关的。如何才能让中国数量可观的古代藏品参与当下社会问题的讨论，缩短与当代人的距离并引起共鸣？"丽人行——中国古代女性图像展"尝试提供新的视角。在构思展览时，我们希望"丽人行"最终能够发挥出三个层面的当代价值。

1.重现中国古代女性的真实生活世界

由于"丽人行——中国古代女性图像展"已不是一个"从 0 到 1"的展览，而是"从 1 到 2"的开拓，因此，展览构思之初，策展团队在"丽人行"云展览已有的工作基础之上，考虑如何反其道而行之，将一个线上云展搬到线下，这种做法在以往是少有的，对于策展团队而言可以说是一次"从 0 到 1"的挑战。当时受制于尚未平息的新冠疫情，以及借展、经费等客观因素，我们最终通过整合"丽人行"云展览的图像资源和浙江省博物馆的馆藏资源，对线下展进行了由"像"到"物"的拓展，这是我们在策划这个展览时的第一个考量。对于中国古代女性的还原和呈现，停留在二维和文字层面是远远不够的，我们要基于物质文化，结合考证研究，重现一个真实而多维的女性生活世界。

如何将平面图像丰富为立体空间？如何让观众更有代入感？如何以一种非线性的逻辑讲述古代女性的一天乃至一生？女性如何在当时的社会环境中找到自己的空间？首先，根据拟定的单元模块，遵循由外在形象到生活空间再到精神世界的思路，我们精心挑选了浙江省博物馆收藏的仕女图文物，在图像分析和题跋释读的基础上，将二维画作展品分配至与其内容相契合的主题单元。其次，依据图像信息，再度选取能够与图像彼此互证的三维实物文物进行"像""物"互文，在历史文物的"实"与图像绘制的"虚"之间构建起互证的张力空间。最后，基于古代诗文及图像，结合历史学研究，我们以生活叙事的方式将各类文物构成组团，形成具有沉浸感的古代女性生活起居场景，将隐秘的闺阁搬进博物馆现场。

例如，在"绣罗翠微"小节，人们通常认为，"女为悦己者容"，女性精心的对镜梳妆是在满足和强化男性凝视，然而这一现象之下也隐藏着另一面——历朝女性无与伦比的审美与创新。因此，一个开放的闺房空间出现了：匠心独运的妆台、铜镜、梳篦，精巧玲珑的簪钗首饰，丰富多变的发式和妆容，形制各异的绮罗衣裳……这些与画像遥遥呼应的文物，展现了女性的审美风潮和创造力。

又如，在"云幕椒房"单元，我们推进到了更大范围的起居空间，此时我们发现了一个被忽略的细节——很多仕女图实则由男性画家所绘，图像本身也是一种隐形的男性凝视，画作中在小轩窗内丽居静好的女性，或在山水园林中采花、饮茶、扑蝶、泛舟的女性，看似过着诗情画意、岁月静好的宅院生活，这一方面来自男性画家对真实生活的所见所闻，另一方面来自既定的道德秩序和等级关系，从而巩固了"男性眼中的理想女性"的刻板印象。正如单元导语所说，"女性起居行止的空间是局限的、循规蹈矩的，隔离于男性主导的广阔社会公共空间之外"，我们在展览中不回避这些隐藏在图像背后的内容。

在对中国古代女性形象的立体呈现中，我们可以看到她们的智慧、坚韧和独立，无论是在平凡生活中的创造力还是在文学艺术领域的成就，都挑战了我们关于"中国古代女性在男性主导的社会中只是被动接受的客体"的刻板认识。作为策展团队，我们的目标其实很简单：展现作为"人"的女性，真实的、复杂的、多元的女性，而非被局限在"第二性"里的女性；破除"标签化"的刻板印象，重新认识中国古代女性的真实生活世界，促进开展更多关于女性文物的学术研究。

2.在当代语境下勾连古今艺术创作

策划展览时的第二个考量，是把古今女性作为一个整体来看待，减少观众可能产生的割裂感。我们根据西湖美术馆的展厅布局，决定在三楼的小偏厅开辟一个当代展厅，在视觉和思想上建立起历史与当代的直接联系。这样，一侧是当代女性的精神世界和生活体悟，一侧是古代女性的精神世界和小情学养。

在一个以古代书画和历史文物展品为主的古代展览中增设一个区域展示当代女性艺术家作品，很多人对此的第一反应是：好像不搭。我们认为这是一次有趣的尝试，体现了一个全新的艺术视角，也是对"以古启今，以物启思"策展理念的实质性演绎。展览的主题让我们更好地重新认识古代女性的"她"世界，而当代艺术首要要与自己对话，而后才能与观众对话。我们发现，邀请的几位女性艺术家虽然处于不同的年龄阶段，有着各不相同的人生经历和阅历，但她们的创作灵感几乎都有一部分来自对自我的内向观照，这种来自内心深处的坚定内核又反哺了她们的艺术创作，促使她们形成自己的艺术语言和风格。而在这样的带动之下，观众也能够从一种对"她者"的感受转换为对自我的感受，如此便自然地勾连起古今，编织成命运共同体之网，从而使观众更容易在当代语境下审视、反思和理解女性身份的变迁和转型。

策展人在邀请当代女性艺术家时，经过了多方面的考虑：

第一，邀请不同年龄阶段的艺术家，如此可以呈现女性在不同生命阶段的所思所感。最终参与展览的三位艺术家分别是50后、70后、90后，她们的作品也带有各自年龄段的阅历，在展厅内部同样形成了当代女性的无声交流。在50后施慧的手中，绳结留下柔软而略带粗粝的触感，纸浆搅和着历史的记忆掠过指间，素手女红走出了时代的局限，成为以柔克刚的艺术语言，编织出一名艺术家的体悟与传承之路。在70后潘汶汛的纸上，记录的不再是古代女性那般束缚累累的逝水流年，女儿、妻子、母亲，各种身份的背后，是仅仅作为"自己"的女性的丰沛体验。在90后刘禹君的笔下，那些古代图像中仿佛易碎瓷器的端严女子，跳跃着、奔跑着，跑出了被观看趣味固定的图像程式，不同的情绪、不同的愿望、不同的关系，昭示着每个人都是独立的个体。

第二，陈列的展品是能与古代女性产生呼应的。例如，策展人邀请到中国美术学院教授、著名纤维艺术家施慧，她最终参展的作品是2012—2013年创作的《本草纲目》系列之一。为什么瞄准纤维艺术？为什么在众多作品中独独选择了这件十年前创作的作品？虽然纤维艺术本身的概念远不止于此，但是提及纤维，人们往往会想到它与女性的渊源，素手女红、缫丝织锦的工作似乎长久以来就与女性挂钩，施慧的常用创作语言有绳线、纸浆和自然草木等，这些柔软的、本身缺乏承载力的事物，在艺术家的手中筑成了柔韧而强大的躯体。我们在这样的创作中看到艺术家完美地融入了女性的天然特质，最终形成一个有强大生命力的艺术品，这就是女性的力量。另外，策展人曾在南京观看过《本草纲目》这件作品，被其屏风的形式所吸引。屏风是中国的古典家具，常常出现在古代女性图像之中，有隔断、遮蔽的作用，却往往隔而不断、半遮半掩，营造了神秘感。早期的屏风还具有礼仪教化功能，在表面绘制圣贤故事、女性品德，便于教化起居空间内的女性。因此，屏风不仅有着女性生活空间上的隔绝意味，也寓示着对女性情感天性的规训，女性由此被划归于内室，隔离于男性主导的广阔社会公共空间之外。一件在古代对女性具有双重意义的起居器物，在当代女性的手中成为一种主动的选择和生命力的体现，这样的古今呼应，挑战了博物馆展览通常的时间界限，使观众能够在更广泛的时间范围内理解和思考展览内核。

　　展览中大胆呈现的古代文物和当代艺术的交流，使观众不仅可以欣赏到古代女性的形象和生活，也能从当代女性艺术家的创作中看到女性角色的演变和转型，这样的设定让人们在欣赏艺术的同时，能够理解和思考历史与当代的关联。今天，当我们谈论中国古代女性图像时，当我们驻足于那些静穆的丽人身影前时，我们看到古代女性既定的美与天然的美，看到她们的命运与才华，看到她们的桎梏与奋争，更重要的是，我们在其中看到了古今女性所面对的历时的问题，并且面向当下发出诘问与反思，如此，展览的价值才能够更好延续。

3.在社会讨论中激起更多的"丽人行"回响

　　团队的第三个考量，是展览的社会效益和长期价值。博物馆要成为连接历史与当代社会的桥梁，在社会讨论中更好地实现自身的价值，以我们的声量激起更多的社会"回响"，激荡起层层涟漪。我们希望以将"丽人行"展览带到线下落地生根、实现馆际联动、遍地开花为一个新的起点，影响更多的观众，并提供更多的讨论机会。博物馆不仅是收藏、保管和展示历史文化艺术的场所，也是能够启发公众思考、引发社会讨论、推动社会进步的重要平台。

在打磨展览概念期间，我们对女性议题开展了深入的调研，以更好地确立我们的视角和身份。我们最终达成一致：展览的理念表达是开放式的、去中心化的。性别研究始终是一个具有高度交叉性的话题，人人都可谈，却很难深入地谈，同时，只要性别存在，性别问题就是一个我们难以完美解答的永恒的命题，但它在现阶段的中国恰恰更需要广泛地谈、大方地谈。因此，我们试图做一个事实的讲述者、一个问题的抛出者，把解读权交给观众，弱化单方面的传道授业解惑，强调博物馆的包容性、社区参与和可持续性。正如展览的宣传片所展示的，我们所做的是为大家复原搭建一个中国古代女性丽人世界，而片中一个当代人的形象跳进画轴，在空间景致中游走，最终再次走出这个世界，回到现实中，这是观众所做的，即以当代人的身份去感知过去，形成见解，启发当下。

策划一个展览，需要建立在对主题有深入研究的基础之上，而如何进行表达以引发社会传播、彰显讨论价值则需要重新思考。在策展期间，我们对纷繁的海内外中国古代女性图像进行了整理和解读，对全世界范围内有迹可寻的女性展览做了充分调研，对女性领域的学术成果也保持跟进和交流。相较于同类话题中倾向强势输出理念的当代展览或国外展览，"丽人行——中国古代女性图像展"注重三方面的努力：第一，中国古代女性的生活在传统历史记载中常常被忽视或曲解，而我们尝试通过生活化的叙事修正和反思现有的历史观，揭示图像背后的女性境遇；第二，通过导览文字适当地传达社会话题，并加入当代艺术品进行对比与交流，创造历史与当下的对话空间，把性别平等和女性权益等社会议题带入公众视野；第三，在展览延伸出的各种学术论坛中，我们选择更为鲜明地亮出个人态度，与各方从业者、学者共同探讨女性的发展与未来，推动博物馆"她力量"的展现与进步。三个方面层层推进，实现了开展以后经久不息的"丽人行"回响。

坚定而长久的当代价值，是我们所期待的，也是推动女性主义讨论所需要的。博物馆的展览不仅是为了理解过去，更是为了创造现在、思考未来。"以古启今"

的策展理念充分体现了对传统视角的挑战和创新，鼓励观众以新的眼光看待历史和性别，以此促进社会进步和社会公正。况且，女性文物和女性图像本身的价值也值得被挖掘、被看见、被重估，在这个过程中，我们不仅可以重新理解和评价中国古代的女性生活，也可以从中获得对现代社会问题特别是性别问题的深思，引发观众对当下女性主义的困境与突围的思考，并创造更好的新世界。

（三）突围禁锢

在"丽人行——中国古代女性图像展"的策展过程中，我们还有一个非常重要的工作环节——展览的"破圈"。在此，"破圈"有三种含义：第一，代表展览内容中古代女性对有形或无形约束的抗争突围；第二，代表策展团队在策展理念与手法上的创新突破；第三，代表展览贯通古今的对话，以女性主义的主题，鼓励观众思考性别问题，冲破女性在历史与当下所面对的"无形的禁锢"。在展览的构思过程中，我们希望进行一些大胆的尝试，突破传统的博物馆展览形式，从而更好地响应"着眼国际和当代，构建适应跨文化传播的博物馆传播体系"的策展新要求。

在内容侧重点的选择上，我们运用新的视角和方式对中国古代女性生活进行展示，挑战了中国传统的性别角色和期待，揭示了女性的主体性和复杂性。同时，基于严谨的研究，增强展览的叙事性和真实感，以多元的感官体验充实观众的观展之行。总体来说，我们试图呈现的禁锢突围，主要体现在时间、空间和对话三个层面。

1.突围时间的接力——关于中国古代女性的群像与肖像

在本次展览中，我们以真实的历史研究配合文物展示，构建出一种抽象的中国古代女性形象及其生活，同时结合真实具体的历史女性人物，以她们有迹可寻的人生经历丰富抽象概念，汇聚为女性群体，从而实现以小见大、有真实基础又有诗意性解读的展览呈现。

　　展览中的书画等文物提供了关于中国古代女性生活的重要历史记载，这些内容记录在视觉艺术和历史学的交叉点上，为我们提供了一个观察和解读古代女性的重要窗口。通过这些展品，我们可以看到古代女性的形象、角色、地位以及社会期待，从而更深入地理解中国古代社会的性别结构和女性的生活状态。展览设置的三个单元（"闺闱风韵""云幕椒房""庭院春深"）划分出中国古代女性生活的三个维度：外在形象、活动空间和多维身份。展览在结构设置上反映出古代女性生活的丰富性和复杂性，对中国古代女性进行了全方位、立体化的展现。

　　在"闺闱风韵"单元，我们基于"丽人行"云展览的数据，梳理了历朝女性图像的特点与变化情况，结合图像学分析与考古学研究，勾勒出古代女性外在形象和审美风尚方面的变迁。我们希望通过对各种社会文化因素下的中国古代女性形象审美风尚的变化和女性对于美的不懈追求的呈现，揭示古代女性虽然生活于社会规训和男性凝视之下，但是她们在社会中的地位和角色并非一成不变，而是随着社会环境的变化而变化。例如：盛唐时期的女性秾丽丰满、雍容华贵，在衣饰妆容方面多有创新，自由度也相对较高，到晚唐时期就稍有收敛；宋代理学盛行，女性形象转变为端严清秀，社会对女性的要求变多变严，女性的创新自主性不如前朝。同时，古代女性的外在形象也是她们的社会地位的体现，亦是时代观念和女性自我意识的重要反映。

　　在"云幕椒房"单元，我们进一步通过"丽居静好""山水园林"两个小节呈现古代女性的活动空间，不仅揭示古代社会对女性活动空间的限制，也展示女性在局限空间中的生活乐趣和对自由的隐秘渴望。策展过程中对空间的挖掘和诠释，为展示和理解古代女性的生活方式与生命状态提供了更深层次的视角。

以上两个单元选用了非特定女性形象的图像和文物，不仅展示出中国历史上各个朝代的女性形象或显著或微妙的差别，也展示出古代女性形象的普遍特征。

在"庭院春深"单元，我们把焦点放在古代女性的多维身份和精神世界，策展的视角转为展示古代女性的肖像，多选择在历史上留有姓名的女性画家和文人形象。第一小节"逝水流年"通过展现古代女性的琴棋诗画才艺、家庭生活、女红劳动等多个方面的身份和活动，反映中国古代女性在真实世界中所扮演的各种身份，突出女性在传统社会规则中被期待成为的样子。第二小节"闺阁芳菲"重在体现非单一化、刻板化的女性形象，揭示女性在古代社会中的主观能动性和多维身份。无论是大家闺秀还是青楼女子，皆不乏有觉醒意识的女性个体，她们尝试冲破封建伦理的束缚，从封闭的家庭、房间等有限的生活空间走向开放的社会，从女性小我迈向社会大我。纵观历史，历朝历代都不乏女性画家和文人，她们以自己的才华在社会上确立个人地位。她们的作品充分展示了女性的智慧和才艺，反映出中国古代女性并非完全被禁锢在"四壁之内"，而是在封闭的空间内寻找表达自我、实现自我的方式。

总体来说，"丽人行——中国古代女性图像展"通过使用图像和文物展示出古代女性的个体肖像和由诸多女性肖像形成的总体印象，以及她们的生活空间、日常活动和精神世界。这样一种可称为突围时间的接力，让观众如同时光旅行一般领略中国古代女性的自我突围，从而多角度、全方位地理解和思考中国古代女性的生活境遇、社会地位和文化贡献。

2.超越空间的展示——关于女性空间的"限度"

"丽人行——中国古代女性图像展"在展览内容和展览模式两个方面都进行了创新性实践，试图为观众呈现中国古代女性有困顿亦有欢愉、陷于闺中而不囿于闺中的女性空间。同时，我们也希望通过这一展览，探索一种创新性的展览品牌打造方式，呈现一个更为广阔的博物馆展览空间，推动博物馆对同一主题的深度讨论。

　　"空间"在中国文化中是一个有意味的概念。人们通常会认为中国古代女性的活动空间受到严格的限制，而这种限制很大程度上是由当时的文化和社会背景决定的。即便如此，女性仍然努力在有限的条件下创造自己的生活空间，这些空间既有物理上的，如闺房、园林，也有精神上的，如诗歌、画作。对于中国古代女性来说，物理空间很大程度上代表了她们行动的自由度，精神空间则反映了她们思想的自由度。这些空间共同构成了展览所呈现的中国古代"女性空间"，这是一种从有限向无限的跃进。

　　在展览中，中国古代女性的空间是有限的，因为我们需要尊重文物、尊重历史。仕女图的学术定义在宋代基本得以概念化、规范化，自此，逐渐成为一门固定的画科，其绘画范围为中上层阶级女性的生活。因此，在如今留存下来的仕女图中，我们所见的"人设"是有限的，所见的环境是有限的，所见的行为也是有限的。她们通常存在于小尺幅的卷轴、扇面或手卷之中，盛行于明清时期的仕女画程式在多件文物之间串联起时代对彼时理想女性的遐想：小轩窗内，帘幕半掩，女子或对镜梳妆，或倦读闲坐。观看时，我们与画中的主角尚隔着一扇圆窗、一副屏风、一抹薄纱，这样的距离感，是在观看其他主题的画作时甚少体会到的。当然，我们也应明确，书画中的闺中生活与真实世界所相隔的不仅是一道门、一扇窗，还有创作者的意图和鉴赏者的眼光，因此，像与物、像与史的互证是必要的。

　　然而，看似严苛的藩篱也并非牢不可破，中国古代女性的空间也呈现了有机延展的可能性。在一些仕女图中，我们能够感受到可贵的突破和创新。

　　其中一部分来自著名的男性画家，他们深谙仕女图的创作程式，但偶尔也会寻求一些突破，因此，女子游山玩水、花园嬉戏、踏青戏水等窗外的场景被陆续创作出来。例如，在清代顾洛所绘《芭蕉仕女屏》中，仕女脚踩矮几，手攀树干，凑到院墙边欲摘取墙外的鲜花，一无过去仕女图中娴静沉稳的样貌，反而衬得春日里的少女与鲜花都生机勃勃。其同系列作品《榴花仕女图》，绘一女子在溪岸边赏花观鱼，怡然自得。此类仕女图的出现，一定程度上体现了古代女子活动空间的拓展。在展览中，我们也以第一、二单元的转换过渡呈现了自房中向屋外的空间变化。当然，对于这种现象，我们也提供了另一角度的解读。正如单元导语所写的那样，彼时有条件的士大夫会在其私家宅院中开辟园林，设池塘山石、草木花卉以供家中女眷游玩解闷，因此，即便有了更大的空间，但所得仍是男性屋主赐予之物，甚至于这些景中的女眷，不知不觉中也成为令园林更为有趣的"景中之景"，男性画家、文人的创作灵感，或也来自日常生活里的凝视。

如果说画面上的空间突破带来了些许动摇，那么杰出女性在文学艺术领域的出现和崛起，则更能够说明女性在成长空间、精神空间上的突破。由于仕女图的特定定义，以及中国古代文学艺术领域早期留存下来的精英性质，加之明清时期资本主义的萌芽，在漫长的时间里，仍然有部分女性得以从长久以来的生活常态中突围而出，在丹青史上留下姓名。部分上层女性由于家境优渥、家学深厚、家庭氛围自由等多种因素，得以读书习字、拜师学画，有的得父兄家教，学养深厚，有的与丈夫琴瑟和鸣，成为神仙眷侣，有的独立自主，外出结社交际，江南才女之名渐成气候，女子雅集也开始兴盛。另一部分女性则更为先锋，以书画终老。她们试图冲破封建伦理的束缚，从封闭的家庭走向开放的社会。她们身份多样，却心意相通，有的是一身才学、玲珑剔透的江南名妓，有的是封建家庭中的天赋女子，有的是家事坎坷、为时代所累的遗孀寡妇。这些女子中不乏通过鬻画自给而创造经济价值、实现独立之人，更为重要的是，她们在妇道女德的要求下，创造了宝贵的精神财富，为后来者开辟了道路。

就展览工作而言，"空间"在当前的博物馆展览策划中也在不断延伸其原本的含义，成为展览设计的一个重要组成部分。如今互联网与人工智能飞速发展，使博物馆展览的空间不再局限于实体线下，而是突破了线上与线下两大空间概念。"丽人行"系列展览从线上走到线下，我们希望借此实现一种逆向的逻辑转换——实体空间与虚拟空间的优势互补、强强联合，以云展览之随时随地的便捷性、轻盈而庞大的包容性、千人千法的自由性，与实体展览之对珍贵文物的现场展出、对学术价值的深度挖掘、丰富的实际体验感与社会教育意义相得益彰。

　　"丽人行"线下展览是一次从二维空间到三维空间、从传统空间到当代空间的拓展。当下的观众越来越重视良好的体验感，好的视觉设计和场景体验无疑有助于提升一个展览乃至一个博物馆在社交媒体上的形象与知名度。因此，在"丽人行——中国古代女性图像展"的策展过程中，我们辩证地汲取了当代潮流中的可取之处。例如，根据不同的单元内容设计独特的展览空间和场景，从古代书画中挑选丽人形象进行立牌创作，将窗棂、草木、桌榻、器物置入展览空间，所有造景均来自真实的文物图像，并延续团队一贯严谨的"从物到像，以物解像"原则，以此创造一个沉浸式的环境，让观众不仅能够欣赏到艺术品和历史文物，还能通过丰富的置景身临其境地感知古代女性的生活空间。又如，设置轻纱薄幔、回廊门洞（图3-18），既起到路线引导与空间隔断的作用，又模拟了中国古代女性生活空间的重重阻隔，强化了空间体验感。另外，在展览中加入当代艺术板块也是一次大胆的突破性尝试，它既是对传统主题展览结合热门话题的一种挑战，也是对现代艺术展示空间的一种探索和尝试。"丽人行"系列展览的核心理念是以古启今，我们非常重视展览带给观众的启发。正如"丽人行——中国古代女性图像展"的宣传片所展现的那样，参观者以一个当代模样的女性身份跳进画框，走进古代丽人的世界，在末尾又走出画框，回到当下。我们不仅希望展览能普及知识，更希望在展览结束后，了解观众在其中思考了什么、获得怎样的触动，对于我们所呈现的内容有什么看法。而当代艺术区域的精心设置，不仅是为了引导观众回到当下，将自己真实的生活处境与中国古代女性的生活境遇进行对比，催生思考，也意在拓宽思路、突破限制，使历史与当下的议题在展览所呈现的思想空间中紧密连接。同时，我们也希望，借由多元化的艺术展示，把解读权交给观众，把对话的空间留给观众。

图3-18 可作多重解读的回廊门洞

3.突破文物的对话——关于"无形的禁锢"

　　"丽人行——中国古代女性图像展"以深入、多元的方式展示了中国古代女性的生活世界，目的在于挑战并打破人们对古代女性的刻板印象和固有观念，让观众重新审视和认识中国古代女性的社会地位和个人价值。这是一场古代女性与现代观众的对话。同样，我们在一个古代展览中创新性地加入当代女性艺术家的板块，通过古今女性展品的并置，形成古今女性创作者的无声对话，从而探讨施加在古今女性身上的无形的禁锢等深度话题，一定程度上推动当代的女性主义研究。

一方面，"无形的禁锢"可以理解为社会对女性的期待和束缚。在中国古代社会，女性的角色和活动范围在很大程度上被家庭和家庭义务限定。而"丽人行——中国古代女性图像展"通过介绍真实的女性文人、画家和她们的生平作品，展示出古代女性在文学、艺术等领域的主观能动性和创造力。这种叙事方式有助于观众理解和认识到，尽管女性在古代社会中确实面临诸多限制，但她们并非完全被束缚在这种看不见的牢笼之中，而是在各自的生活和创作中找到了自我表达和自我实现的方式。而在当代生活中，尽管随着一代又一代女性的不懈努力，女性权益相比古代社会有了极大的进步，当代女性仍然面对着当前语境下的"无形的禁锢"，如职场中对于女性年龄、婚姻、生育的隐性歧视，女性在社会与家庭两方面的职责，社会对于女性穿衣自由、身体自由的另类眼光，都筑成了新的且更为隐秘的围墙。因此，"女性的突围"是一个兼具共时性与历时性的话题，是古今女性都要面对的相似的问题，它不随时空的转换而隐退和消失。

另一方面，"无形的禁锢"也可以理解为女性内心世界和自我意识的突围。在"丽人行——中国古代女性图像展"中，女性画家的作品揭示了她们的内心世界和自我意识，这使得我们不得不重新思考古代社会中的女性如何在有限的空间和环境中发挥自己的智慧和才华，创造出不亚于男性水平的作品。同时，在展览中，当代女性艺术家也通过她们的作品，与古代女性艺术家建立关联和形成对话。她们用现代的语言和表现手法探索了女性的内心世界与社会角色，反映了当代女性面临的挑战和困境，也表达了她们的梦想和追求。因此，我们希望观众能够通过展览看到，无论是古代还是现代，女性都有着共同的心声和愿望，那就是追求自由和平等，期望被理解和尊重，展现自己的才华和价值。

以展览为出发点，我们得以开展多种多样的对话。这些对话缘起于文物，又突破了文物。通过这些交流，我们看到，尽管时代在变迁，当代女性的地位已经明显提高，但女性"无形的禁锢"并没有完全消解。相反，它以新的形式和方式出现，对女性产生着深刻的影响。因此，我们需要持续地关注和讨论，推动社会对性别问题的研究与讨论，更加尊重和珍视女性，共同构建一个平等和谐的社会。

二、虚实融合的展览模式

（一）资源整合

"丽人行"系列展览塑造了"虚实联动、共融共生"的展陈模式，打造了数字化时代博物馆展览建设运营新范式。展览突破了"先有线下展，再有线上展"的惯常思维，创新性地以云展览先行，汇聚数字资源，吸引社会关注，再构建线下实体展览，聚焦核心主题，深化艺术体验。"丽人行"系列展览创造性地做到与国内外40余家博物馆联动，整合1500余件（套）中国古代女性题材绘画，链接1000余项相关的学术研究成果、200余个国内外女性主题相关展览、280余件相关文创产品，形成了相对全面的女性题材绘画数据库。该数据库可以用关键词检索，是全球最为先进的女性图像数据库之一，为观众和专业学者提供了搜索和研究的便利。同时，推出实体展览的线上沉浸式展示、语音导览、在线观众调查等，形成线上线下联动的传播体系，使文物超越时空局限，在现实时空与虚拟时空中"活"起来，极大地拓展了传统博物馆的传播边界。

1.汇聚数字资源

2021 年 3 月 8 日，"丽人行——中国古代女性图像云展览"在电脑端与手机端同步上线，开创了云展览的 2.0 模式，以独特的展览方式和对古代女性题材文物的全新展示视角，引发了一波云观展热潮。"丽人行"云展览通过数字化手段铺展古代丽人的生活画卷，让观众随时随地"漫步云端"，品赏画里千秋。

云展览是指在互联网环境下，通过资源集成和服务共享的方式向公众传播文物数字化信息及相关知识图谱的信息服务系统，实质是对博物馆文物数字资源的盘活与利用。2019 年，受到新冠疫情的影响，数字展览迅速兴起，最初大多是作为线下展览的替代品。2021 年，《中华人民共和国经济和社会发展第十四个五年规划和 2035 年远景目标纲要》提出"加快数字化发展，建设数字中国"，为云展览的发展提供了政策支撑。从一定程度上看，我国博物馆云展览正从 1.0 模式迈向 2.0 模式。

"丽人行"云展览汇聚了国内 50 家博物馆的 1500 余件画作，展品的排布突破了收藏方与地域的限制。除了永不落幕的展厅，还有不断更新的展品库。展览开幕后，相关数据仍将不断增加。展品信息的呈现同样突破了实体展厅文字说明牌对字数的限制。在传递展品基本信息的基础上，策展团队还对每幅图像进行了深入的解读，包括作者简介、画面描述、款识与钤印等内容，让观众能轻松捕捉展品多维信息（图 3-19）。"丽人行"云展览的探索还体现在功能的延伸上。除按照策展思路排布的观展"线路"外，还有庞大的拓展图库，方便观众检索展品信息。

不同于近年涌现的云展览大多以实体展览为基础，通过技术手段延伸到线上，"丽人行"云展览是一次超越时间与空间的探索，通过互联网和数字技术实现更深层次的资源整合与共享，将散落在世界各地的中国古代女性题材画作集中在同一平台、同一时空。"丽人行"作为公共文化产品的属性已经脱离了虚拟展厅的束缚，成为独立生长的品牌，更利于云传播。

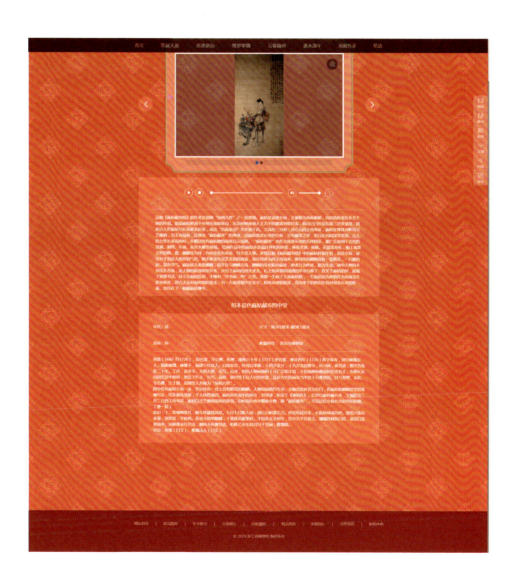

图3-19　"丽人行"云展览的展品解读页

2.盘活馆藏资源

浙江省博物馆馆藏文物及标本十万余件（套），文物品类丰富，年代序列完整。其中，河姆渡文化遗物，良渚文化玉器，越文化遗存，越窑、龙泉窑青瓷，五代吴越国及宋代佛教文物，汉代会稽镜，宋代湖州镜，南宋金银货币，历代书画和金石拓本，历代漆器，革命文物，等等，都是极具地域特色与学术价值的珍贵历史文物。

与以往举办的书画展不同，"丽人行——中国古代女性图像展"线下展主线精选了74幅契合各小节主题的馆藏古代女性题材画作，其中多数画作是首次公开展示。围绕画作，还搭配展了出80余件（组）相关的古代女性饰品、服饰、生活用品等实物，种类丰富，提高了藏品的利用率。

3.聚合馆际资源

过去，博物馆合作办展一般采取借展和巡展的模式，而"丽人行——中国古代女性图像展"采用主、分形式，构建相互联动的跨空间展览集群。联展的各馆在资料信息的修正、展览内容的研究、形式设计的探讨、衍生活动的开展等方面都发挥主观能动性，使展览内容各有侧重。同时，形式的统一包装、宣传的统一推进、学术成果的共享带动了博物馆展览水平的整体提高，极大地提升了博物馆文物资源的集聚效应和传播效果，使新冠疫情期间多地观众能在同一时间体验更丰富的文化服务。

在文创产品的开发上，"丽人行——中国古代女性图像展"汇集了来自浙江省博物馆、上海博物馆、南京博物院、江西省博物馆、安徽博物院、苏州博物馆、湖州博物馆的女性主题文创产品（图3-20），包括日用品、首饰、文具、纺织品、箱包、工艺品、其他等七类。

如今，"丽人行"已成为一个具有一定社会影响力的博物馆综合性品牌，

图3-20　文创产品展示区

除了在行业内部热度极高，还成功"出圈"，联结了旅游、传媒、科技等多个行业的机构或企业。这是文博单位整合社会资源、凝聚各界力量，共同让文物"活"起来，推广文博品牌的一个成功范式。

（二）团队组建

浙江省博物馆的博物馆学研究所作为"丽人行"项目的执行团队，在策展人蔡琴副馆长的引领下，深耕"丽人行"项目近四年，坚定扎根实践，重视研究落地，从云展览到"1+4"线下展以及沉浸式数字展，从无到有，一步步拓宽视野和领域。

1.策展团队

在博物馆展览策划工作中，首先需要有一个全面主管工作的人物，负责确定展览主题及基调；其次，团队内部还需要设置执行策展人或助理策展人，负责具体的展览实施及执行工作。

作为总策展人和项目负责人，蔡琴副馆长对中国古代女性图像的关注与研究由来已久。随着研究的深入和资料的日益完备，策划一个相关展览的想法在她的心里挥之不去。在"丽人行"项目实施中，蔡琴副馆长负责展览的总体策划、整体协调、组织运行、人员管理、经费申请、进度把控等方面的工作，策划和推进"1+4"馆际合作办展，主持展览各项工作，确保展览工作顺利推进。

和其他展览的单一策展人制度不同的是，"丽人行"策展团队的组建和发展伴随着"丽人行"展览品牌生长壮大的全过程。作为策展执行部门的浙江省博物馆博物馆学研究所是全国博物馆中唯一以博物馆学研究为职能的正式中层建制单位，其以强化博物馆学理论研究和科学实践为宗旨，致力于推动博物馆学科建设、提高博物馆学理论水平，打造全国性的博物馆学研究中心和博物馆学科研基地。"丽人行"云展览筹划之初，正是博物馆学研究所正式成立之时，博物馆学研究所的两位同事倪梦婷、季一秀到岗，她们也是"丽人行"系列展览的全程创造者和参与者。倪梦婷作为"丽人行"的执行策展人，负责全面落实总策展人的工作安排，深化大纲文本，构思细分信息组团，挑选并商借展品，编写展品说明；与形式设计人员合作确定展品定位、辅助展品、组合展示方式等细节。对于博物馆来说，培育和打造一个独特的展览品牌，需要在馆内精心筛选和重点培养优秀的策展人，打造一支优秀的策展队伍，组建具有完备学术研究能力的团队，使之成为博物馆未来的骨干力量。

除了博物馆学研究所，"丽人行"策展团队还吸纳了浙江省博物馆内的诸多青年人才，他们来自信息资料中心、保管部、历史部以及之江馆区综合部、经营管理部、办公室、档案室等多个部门。整个"丽人行"项目团队囊括了博物馆学、考古学、艺术史、传播学、信息工程、计算机、科技保护等不同专业的博士和硕士，大家各有专攻，发挥学科交叉优势，相互协作，形成合力。

2.设计施工团队

主创设计师高雯和杭州黑曜石展示设计有限公司分别负责"丽人行——中国古代女性图像展"的设计和施工。作为获得过多项全国博物馆十大陈列展览精品奖的设计师，高雯以她独特的设计理念为"丽人行——中国古代女性图像展"构思了当代视角下的古代女性空间，她同时负责展厅空间、参观流线、场景、辅助展品、宣传海报等的设计，以及施工制作效果的把控。

3.志愿者团队

浙江省博物馆志愿者服务队成立于 2006 年 5 月 18 日，主要负责博物馆咨询、讲解、宣传教育活动的策划实施、观众反馈信息发布收集等工作。多年来，浙江省博物馆志愿者积极投身于博物馆事业发展，在共同努力下，取得了一定的成绩：2007 年，被共青团浙江省委、浙江青年志愿者协会授予"2006 年度浙江省志愿服务杰出集体"荣誉称号；2014 年，被授予"2013 年度浙江杰出志愿服务集体"荣誉称号，成为唯一获此殊荣的博物馆志愿服务集体。

为了更好地服务展览，浙江省博物馆开放与教育部提前一个月就开启了"丽人行——中国古代女性图像展"志愿者的招募和培训工作，吸引了来自多个行业、不同年龄段的百余位博物馆爱好者的参与，最终选出 10 名"丽人行"线下展志愿者，专门负责展览的讲解，总策展人蔡琴副馆长和策展团队为志愿者做了专门的培训。

"丽人行"线下展 001 号志愿者龙薇薇是浙江电视台的主持人，也是博物馆的老朋友，作为一位媒体工作者，她利用业余时间担任线下特展讲解员，协助传播展览信息。早在 2021 年"丽人行"云展览开启时，她就参与了音频导览的录制。在配音过程中，她通过"出土资料与唐宋女性研究""红妆时代"等各类公开课和文字资料深入了解名画背后的故事，为音频录制做了扎实的知识铺垫。

4.服装复原团队

"丽人行——中国古代女性图像展"特别设置了一块区域，展示战国、汉、唐、宋、明、清等多个历史时期的女性服装复原件。这组服饰出自北京服装学院蒋玉秋教授领衔的专业团队，该团队曾完成长沙马王堆汉墓出土服饰及刺绣复原、敦煌壁画唐代人物服饰形象复原等工作。蒋玉秋教授致力于从技术角度复原中国古代服饰，以及基于传统染织技艺的创新设计应用。服装复原实践主要通过对有据可考的出土实物和古代绘画进行研究，系统性地研习古代衣料、服饰色彩体系、服饰图案实现方法、传统服饰制作工艺等，深化服装史理论研究，促进天然染色、古法刺绣、传统织造等技艺的传承与创新应用，为今日"传统服饰文化"复兴提供可观、可感、可触的实在依据。

（三）多馆协同

馆际合作举办展览，是整合文物资源、提升博物馆的公共文化服务能力的有效途径，也是现阶段值得大力推行的博物馆办展机制。

2022 年 3 月 8 日，与浙江省博物馆的"丽人行——中国古代女性图像展"同步启幕的还有安徽博物院的"绿鬓朱颜——明清时期女性题材绘画展"、江

图3-21   多媒体屏实现五馆"云互动"

西省博物馆的"瓷·妸——女性主题艺术展"、苏州博物馆的"江南佳丽——苏州博物馆藏仕女画展"、湖州博物馆的"美人如画——十九至二十世纪东亚女性人物画艺术展"。五馆联动，形成一个主展馆加四个分展馆的"1+4"展览模式，并借助数字技术实现五馆"云互动"（图3-21）。各地观众可以跨越空间的阻隔，通过多媒体屏查看其他博物馆展览的现场画面，浏览各馆展品。

    此外，中国国家博物馆、上海博物馆、南京博物院、安徽博物院、江西省博物馆、苏州博物馆、湖州博物馆等业内机构和中国美术学院、浙江大学等高校为展览提供了资源支持与学术支持。这种"多跨协同"的博物馆展览机制在"丽人行——中国古代女性图像展"中得以实现，推动形成跨馆、跨部门、跨学科、跨行业的多元化发展形态，为馆际合作办展提供了若干经验。例如：在展览选题上，除了传统的文物精品展，主题突出、有探讨空间的叙事型展览也适用于馆际合作模式；在团队组建上，强有力的主导团队、不同学术背景的专业人才的凝聚是展览获得理想效果的关键因素；多馆协同不仅能最大限度地拓展展示的空间及内涵，也能有效提升博物馆的知名度、帮扶地方中小博物馆、提高专业技术人员的业务水平。

（四）数字赋能

"丽人行"系列展览充分借助前沿的数字技术，云展览先行，实体展览在后，突破常规思维，多维度地展现了不同时代女子的形象与风采。

1.线上游览——"丽人行"虚拟展览

针对线上展示与互动的需求，策展团队利用实景三维空间采集与测绘技术进行高精度建模，构建虚拟展览空间，实现了虚拟空间与真实环境的完全映射。这种虚拟展览的特性使得展览具有更广泛的传播范围和更长久的传播时间，观众可以在任何时间、任何地点进行参观。展览中的连续性无缝漫游功能和全自动导览功能，使得观众可以自由地在虚拟展览中移动，并且能够随时开始和停止导览，从而极大地增强了体验的真实感和沉浸感。"丽人行"虚拟展览对线下展览的三层空间进行了实景复刻，包括地面、墙面、天花板等，高度还原了实体展览的细节和氛围，观众可以深入了解每一件展品背后的故事和意义，同时也能通过可视化的场景，深入了解展览中各个场景的历史背景、文化内涵等

图3-22　"丽人行"虚拟展览电脑端界面

信息。"丽人行"虚拟展览还具备多种基础功能，如关联门户网站、利用页面引导、多平台浏览，以及漫游功能、导览功能、热点功能、导航功能等（图3-22），观众能够在虚拟展览中实现自在漫游和移步换景。

　　虚拟展览可以服务广泛的人群、满足个性需求，保存与管理展览和文物的数字信息，提升了展览的可及性和可持续性，形成了数字赋能博物馆传播的新范式。

2.五馆联动——"丽人行"云导览平台

　　"丽人行"云导览平台是一个集合了各博物馆展览实时画面、各博物馆展品内容展示、现场定位导览和"丽人行"云展览四项内容的数字化平台，旨在为观众提供更丰富的展览信息和更多样的参观体验。

　　"丽人行"云导览平台采取五馆联动的模式，构建了相互联动的跨时空展览集群，实现了五馆线下展览的云上互动。五个博物馆展厅中皆有现场互动触摸屏，观众可通过互动屏查看各博物馆展厅现场画面，了解展品详细信息（图文、语音）以及参观"丽人行"云展览。各博物馆在展厅现场均提供了 20M 有线网络（上传网速）以支持信息传输（图 3-23）。

3.随身导游——"丽人行"云展览微信小程序

"丽人行"云展览微信小程序是针对"丽人行——中国古代女性图像展"的二次开发，包括展览、直播、云展览、个人中心等功能模块。通过手机端的微信小程序，观众可以随时随地获取展览信息、预约参观、浏览展品详情，甚至在线观看直播和参与互动交流。同时，观众还可以通过小程序对感兴趣的展品进行评论和收藏。

"丽人行"云展览微信小程序采用了语音导览系统（图 3-24），为观众提供更便捷的导览服务。语音导览系统设有声波定位、线路推荐、展览地图、展品列表、展品详情、观众评论、收藏、分享和足迹等模块。展览现场安装了 40 个声波定位基站，并提供定位接口，观众通过这些声波定位基站可以获取音频导览信息。此外，"丽人行"云展览微信小程序还开发了观众导览数据统计分析功能，可对观众的展览行为进行统计和分析。

4.博采众长——"丽人行——虚拟微策展大赛"

"丽人行——虚拟微策展大赛"是在 2022 年国际博物馆日"博物馆的力量"主题下发起的虚拟策展比赛，旨在通过数字化展览呈现和公众参与，寻找博物馆的力量。比赛以"我眼中的古代丽人"为主题，采用"记忆剧场"理念和"亿间教室"三维超媒体技术平台，让公众积极参与展览空间化和可视化建构，分享自己对"古代丽人"的理解、思考和创意展示，为激发博物馆的力量提供新的平台。

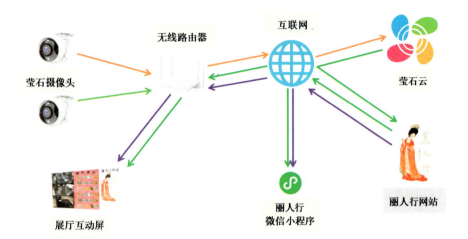

注：橙色箭头表示上行视频流，绿色箭头表示
下行视频流，紫色箭头表示展品信息等数据流

图3-23　"丽人行"云导览平台信息流（上）

图3-24　"丽人行"云展览微信小程序语音导览界面（下）

图3-25　线上策展界面

　　"记忆剧场"理念是一种通过技术手段将历史和文化元素进行可视化呈现的方式，帮助人们更好地理解和传承文化遗产。"亿间教室"三维超媒体技术平台则是一个集成了多种可视化技术的统一策展工具，可以帮助策展人快速打造不同虚拟展览场景所需的超媒体展览空间。通过技术应用，公众得以更加直观和深入地理解古代丽人的生活世界。通过公众的积极参与和创意共享，博物馆的力量得以更广泛地传播和更深入地挖掘。这种新型的策展方式和参与模式，无疑为未来的博物馆事业带来更多的机遇和发展空间。

　　基于"亿间教室"三维超媒体技术平台，"丽人行——虚拟微策展大赛"使用了多种可视化技术，如记忆宫殿、涂鸦笔记、思维导图、思考地图、视觉笔记等（图3-25）。这些技术的综合运用，以及视频、声音、动图、PDF、

PPT、H5、网页链接等多种类型媒介的兼容使用，使策展人在打造不同虚拟展览场景时能够更加丰富多样地呈现自己的创意和想法。同时，"亿间教室"沉浸式学习空间作为统一的策展工具，在比赛中发挥了重要作用。它集成了展览空间建构、知识热点编辑、展览空间漫游、展览空间管理等功能模块，有效克服了云展览空间感差、线下展览物理空间受限等难题。通过充分发挥"亿间教室"三维超媒体技术平台的优势，"丽人行——虚拟微策展大赛"为数字策展提供了全新的思路和范例，探索了数字化展览与公众参与的更为紧密的关系，为博物馆领域的数字化发展提供了宝贵经验与示范。在未来的发展中，数字技术将在博物馆领域发挥更加重要的作用。我们应该继续关注新技术的发展趋势，不断尝试将数字技术融入博物馆的策展与宣传工作中。

三、深广兼备的内容设计

（一）学术成果

1.早期充足的学术积累

　　"丽人行"系列展览最早的学术积累可以追溯到十多年前。博物馆策展人、浙江著名散文作家、女性这三重身份的交织，使那时的策展人蔡琴越来越关注女性话题，并逐渐萌发了在博物馆展览中表现女性话题的想法。在 2012 年出版的散文集

《女人是天生的收藏家》中，她的这种想法就已经初见形态。自那以后，蔡琴对女性文物的关注度和敏感度不断提升，也开始有意无意地阅读与之相关的学术文章、新闻报道和著作。这些知识越积越厚，不断刺激着"办一个女性主题展览"的想法生根，也使展览的落地变得更加现实。

策展团队真正系统梳理与女性书画和其他女性题材文物相关的学术知识，始于"丽人行"云展览的策展时期。那时，整个团队有一个目标：收集 1000 种关于中国古代女性研究的学术成果。这一方面是希望能在"丽人行"云展览中单独开辟一个学术研究板块，为观众尤其是其中的爱好者和研究者提供一个学习园地；另一方面，策展团队中年轻人居多，要让团队成员迅速成长，大量地吸收知识是必要的路径。

因此，在实际操作中，策展团队不仅广泛浏览各博物馆的展览图录，而且有意识地从各个学术平台收集论文、著作，挑选与展览相关的研究成果进行精读。到 2021 年"丽人行"云展览开幕时，"收集 1000 种关于中国古代女性研究的学术成果"这一目标顺利达成，策展团队也具备了充足的学术积累。

如果说阅读论文、著作、图录是一种纵向的、吸收式的学习方式，那么对于策展来说，还有一个必不可少的横向的、对比式的学习方式——研究同类型的展览。积极观摩学习其他博物馆的展览是每个策展人的必修课，从决定做"丽人行"系列展览开始，策展团队就有意识地关注书画展览和女性题材展览。后来，基于云展览的特殊表现方式，以及女性题材展览在国内不多、在国外不少的特殊性，团队决定把能够收集到的女性题材展览信息也列入云展览的学术研究板块。每一条展览信息都包含展览海报、展览名称、举办时间、举办地点、展览线上相关信息链接，可以一键跳转，便于观众浏览，尤其是一些难以实地参观的海外展览，目前业内只有"丽人行"云展览对这些信息进行了系统整理与展示。在收集整理相关信息的过程中，策展团队也得以了解业内展览的不同方向，团队成员的视野更加开阔。

观念、理论、实践三个层面的联动，使策展团队从领导者到执行者，都在某种程度上成了女性文化、文物方面的"小专家"，并搭建起了颇具规模的学术资源库，为展览的最终呈现打下了坚实的学术基础。

2.持之以恒的学术研究

"丽人行"展览从线上延伸到线下，看似是一个缩减体量的过程，实则不然。线下展不论是在呈现方式上还是在叙事方法上，都和云展览有很大的不同。因此，策展团队不仅要持之以恒地进行学术研究，还要精心地进行提取、转化与利用，将浩繁卷帙中的信息转化为视觉元素和展览语言。这也是"丽人行"线下展在策展中和开放中始终坚持的态度。

"丽人行——中国古代女性图像展"主要参考的论著有96部，论文有37篇，实际翻阅的学术成果远大于这个规模，此外还有不计其数的图录和线上数据。其中，精选的研究资料大致分为以下几类：

第一，体现女性生活史实的第一手资料。如汉代刘向的《列女传》、唐代郑氏的《女孝经》、明代杨慎的《丹铅总录》等。从时代视角来看女性是意义重大的，它不仅是了解一个时代之面貌的直观方式，更能体现特定文化背景下女性所接受的社会规训，从中既能看到女性当时的模样，又能看到男性对女性的期望。

第二，当代女性史研究的主要成果。如日本学者山川丽的《中国女性史》、陈高华和童芍素主编的《中国妇女通史》（全10册）、杜芳琴的《发现妇女的历史——中国妇女史论集》等。这些以当代眼光系统研究古代女性历史的学术成果，呈现了女性形象、身份、地位变化的发展脉络和总体趋势。了解这些成果，对于策划一个"中国古代女性"主题的展览来说是非常必要的。

第三，以中国古代女性为对象的人物画研究。比如蔡松立的《中国仕女画研究》、史歌的《中华历代仕女画谱》，还有一些内容更广泛或解读角度比较特别的著作，如张红红的《画家视域中的女性形象》、故宫博物院的"中国历代名画类编系列"等。这些成果不仅拓宽了展览的展品选择范围，更重要的是对女性题材书画这一书画类型进行了从技法到内涵、从派别风格到时代差异的全面研究，对理解女性图像来说具有基础性的作用。

第四，女性生活各领域的具体研究。这部分论著主题各异——从妆饰、服装、生活场景等物质层面，到精神世界、文化教育和生活情态等精神层面，再到婚姻家庭、谋生手段等社会层面。从各个角度了解女性生态的方方面面，是"丽人行——中国古代女性图像展"叙事的关键方式之一，为保证这些信息的准确性和可读性，需要对大量文献进行比对筛选，并根据需要进行综合整理。

第五，女性画家的人物传记和群体研究。如杨建平和何海锋的《明代江浙地区女性画家的艺术及市场走向》、高春花的《清代女诗人恽珠生平家世考略》、赵琰哲的《明清女性笔下的山水景致》等论文。这些资料对"丽人行——中国古代女性图像展"意义特殊，因为展览计划开辟一部分空间用于展示中国古代女性眼中的世界，那么选哪些人、其作品有何特征以及如何分类等问题，就需要建立在梳理女性画家群体生平的基础上。

第六，古今中外的女性主义学术成果。这些资料中既有西方的、较为宏观的女性主义研究，如美国琳达·诺克林的《女性，艺术与权力》，也有中国本土的女性主义研究，如李小江等的《历史、史学与性别》，更有专门针对博物馆领域的女性主义研究，如傅美蓉的文章《论展品：博物馆场域下的知识生产与性别表征》。它们能够帮助策展团队从女性主义视角反观中国古代女性，形成具有当代价值的阐释解读，更好地构建起古今女性之间的精神桥梁。

为使"丽人行——中国古代女性图像展"保持时代性，真正引发当代观众的共鸣，作为支撑的"丽人行"云展览的学术研究板块不断更新，以保证最新的学术成果为展览所用。在定期更新学术研究成果的过程中，策展团队发现，近年来文博行业对女性类话题研究的关注度有上升趋势，无论是相关展览的数量还是论著数量都在加速增加，因此，策展团队及时根据行业与社会的关注重点对展览进行了适当的调整。

3.丰富多元的学术外延

"丽人行——中国古代女性图像展"开放时间虽然仅两个月，但从展览策划到后展览时期，围绕展览诞生了多篇学术成果，也被作为案例在许多学术课题、讲座中引用，更催生了科研创新，学术影响力长久不衰。

2022年展览闭幕后不久，《丽人行：中国古代女性图像展面面观》（图3-26）印发，这是一本从正、侧两面汇聚展览参与者和观看者心路历程、学术积累和思想感悟的合集。书中第二部分的"展览亮点"将展览设计师、执行策展人、文案创作者、服饰复原者、当代艺术家的创作过程逐一揭露，既是对展览构成要素的拆解，又讲述了展览背后的故事，对观众来说是一次展览的再解读，也为策展人提供了细致的执行参考；第四部分"展评精选"大胆地将社会各界对展览的分析评论收录其中，且不论是否好评都照单全收，展现了不同群体看待展览的方式，这也为展览更好地评估和吸收社会意见提供了例证。

基于展览图录的基本形式，为了对展览内容和整体结构进行全面解读，《丽人行：中国古代女性图像》一书（图3-27）于2023年2月问世。在这本图录中，策展团队对展览的基本概念、展品选择和展览叙事进行细致的展示与分析，按照展览的单元构成，详细拆解不同年代女性在外貌形象、社会地位和生活方式上的区别，图文对照间，不但把读者带回在展厅遨游的线性叙事中，也将观展氛围之下可能被忽视的隐性文化要素一一点明，以达到"让没有看过展览的读者了解展览，让看过展览的读者理解展览"的目的。

2023年11月，凝结了对古代女性生存状态深刻思考的古代女性艺术读物

图3-26　《丽人行：中国古代女性图像展面面观》（左）
图3-27　《丽人行：中国古代女性图像》展览图录（右）

《她们：中国古代女子图鉴》（图3-28）成功出版。有别于两本前作围绕展览的
层层展开，这本书更侧重于生动再现古代女性多姿多彩的艺术与生活图景，从"形
象——中国古代女性图像中女性形象的变迁""妆容——中国古代女性的妆容
打扮""空间——女子生活和活动空间""才能——古代女性的才情技能""创
作——古代女性的书画创作"五个方面，以更具艺术性的笔触和视觉美学，展
开对女性生存环境和生活态度的探讨。

　　围绕展览形成的学术论文主要分为两类。一是策展团队撰写的专业论文，
主要从展览内部进行解读和衍生。如策展人蔡琴的《昨日重现，与现实思索交相

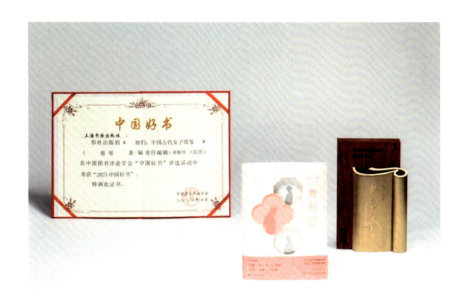

图3-28　《她们：中国古代女子图鉴》荣获"2023中国好书"

映照："丽人行——中国古代女性图像云展览"的创新实践》（《国际博物馆》2021 年第 C2 期），讲述了一脉相承的"丽人行"系列展览在阐释维度和表现形式上的创新之处；再如执行策展人季一秀的《女性展览与社会凝视：厌女文化的博物馆思考》（收入中国博物馆协会博物馆学专业委员会编《中国博物馆协会博物馆学专业委员会 2021 年"博物馆与多元学科的关系"学术研讨会论文集》，文物出版社 2022 年版），将"丽人行"系列展览与其他博物馆的女性题材展览进行了对比。二是其他博物馆人、学者所写的研究性文章，更多地从外部视角观察展览。如浙江大学学者毛若寒、首都博物馆策展人李吉光的《博物馆云展览的生成与生长——关于浙江省博物馆"丽人行"展览实践的思考》（《艺术评论》2022 年第 9 期），对"丽人行"系列展进行了综合评估；再如伦敦大学硕士郭洋梦莎在《观看之外：博物馆展览中的历史与人》（王思渝、杭侃编，文物出版社 2022 年版）一书的"带着性别意识看历史"部分，对"丽人行"云展览做了个案分析，从观察者角度解读了其中的历史性和当代意义。

展览开幕当天，围绕女性展开学术探讨的"丽人行——女性文博工作者回顾与展望"论坛同步召开。论坛聚焦文博领域中的女性贡献、女性力量和女性发展，分享了文博各细分领域女性工作者的状况与成就，直面女性文博工作者的实际问题，展望女性在文化及更为广阔的社会领域的前景，探讨如何以女性的特长优化专业领域景观，塑造良好的社会文明生态。来自国内外 40 余家博物馆、考古所、高校及其他文化机构的专家、学者与文博从业者 50 余人参加了论坛，与会者围绕女性、博物馆、考古、文化传播等话题，从女性主题博物馆与展览、历史与考古中的女性、当代女性的身份建构和社会参与等多个学科角度进行了深入的学术交流。

"丽人行"系列展览生发了一系列科研创新成果。其中，"数字化集成展示与交互技术在博物馆的应用示范——以中国古代女性图像为例"入选 2021 年度国家文化和旅游科技创新工程项目，该成果综合应用数字化技术搭建具有检索信息多维度、藏品特性和空间设计相融合、深度交互体验分享、观众行为实时收集的数字化集成展示与交互系统，为业界探索数字化技术在博物馆的应用提供思路和经验；"丽人行"云展览荣获浙江省文化和旅游数字化改革"最佳应用"称号；以"丽人行"展览品牌生长的实践需求为导向申报的"博物馆数字化展览的发展策略研究"课题获中国博物馆协会 2023 年度资助项目立项；在系列展览基础上形成的"丽人行"数字人文平台，包括"丽人行"数字人文标准规范、"丽人行"图像数据库、"丽人行"数字资源、"丽人行"沉浸式数智展示空间四个部分。目前平台已搭建完成，适用于多种终端，既为专业研究者

建立了新型深层次信息的中国女性艺术专题图像数据库和中国古代女性图像研究范
式，也为观众提供了馆内外大量女性题材文物的相关资料及线上线下贯通的沉浸式
三维虚拟立体展示空间。"丽人行"数字人文平台是智慧博物馆建设的范例之一。

　　"丽人行"多元、丰富的学术成果的取得，不仅得益于系列展览的定期举办和
展览品牌的持续生长，更重要的是，策展团队不断拓展学术外延，寻找展览向学术
成果转化的多种可能，并长期、充分地展开研究。展览与学术成果相互转化、相互
赋能，才成就了"展览有尽时，研究不落幕"的良好局面。

（二）展览叙事

　　"丽人行"线下展从内容架构到展览叙事无不脱胎于线上展，因此从底层逻辑
来说，"丽人行"云展览从各个侧面展示古代女性这一整体理念，深刻影响着线下
展的框架。我们希望观众仿佛阅读一篇综述文章般"打开"整个展览：首先，开门
见山式地告诉"读者"将要看到的是谁以及何时、何地、何事、何故，对应展览中
对古代女性发展史的梳理；其次，展示女性图像所定格的女性生活，其中包含女性
如何装扮、生活、娱乐、学习、劳作、持家等；最后，回归女性主体的视角，品味
女性如何看待自己、看待世界，也即女性的创作，使整体内容得到进一步提升。由
于展厅面积、空间划分及展品条件的限制，线下展对展览的内容总量和叙事节奏都
做了缩减与调整，但是完整地保留了这一框架和叙事逻辑，这对于展览准确地表达
其内核，并让观众全方位了解古代女性是至关重要的。下面对线下展的叙事进行更
为详尽的拆解。

1.主流叙事下的"演出式"范式

展览叙事，通俗来说就是通过展品、文本、图片、多媒体等各种信息类型的有机组合来为观众讲述故事，是有效传达展览信息，引发观众理解与共鸣的重要方式。可以说，当代博物馆展览或多或少存在着展览叙事，而其中最为主流的方式就是带有主题性质的"一致性"叙事：为了描述一个主题，策划者常常将不同时期、不同生产者、不同媒介所形成的物品重组在一起。与之伴随的关键词是有组织的、连续的、具备上下文 / 逻辑关系的表述。

"丽人行——中国古代女性图像展"的展览叙事并没有脱离当代博物馆的主流叙事方式。"中国""古代""女性""图像"这几个关键词为展览的叙事主题框定了范围，观众在看到标题的时候就可以准确预测将要看到的故事发生在什么时期、什么地点，关于谁，又是如何进行主题呈现的，这一预设也在后续观展中不断得到印证，从而使叙事具备了双重的有效性。

围绕"中国古代女性图像"，具体呈现在展览流线之中的叙事方式，可以借用澳大利亚学者迪佩什·查卡拉巴提（Dipesh Chakrabarty）提出的"演出式"（performative）范式概念：注重参观者的感官体验，让展览中更多富有主观性、独特性、地方性、个性的内容得以呈现。与之相对的另一范式是"教导式"（pedagogic）：偏向于理性分析，从展览各展项或展品及其相关背景和相互关系中给出客观、普适的叙事内容。当代观众观展需求的变化方向，即追求更高质量的参观体验和更为丰富的感官享受，决定了"演出式"在展览中越来越受到欢迎。对于"丽人行——中国古代女性图像展"来说，女性在中国古代长期以来被作为美学符号的客体性、确实参与并占据了历史相当地位的主体性，形成了风格强烈又可多角度解读的叙事基础，也非常适合于"演出式"。

从整体叙事来说，"丽人行——中国古代女性图像展"乍看之下选取了一种对博物馆来说较为常用的方式，然而这并不意味着同质化。正是因为选用了运作熟练且为观众广泛接受的大模式，才使得许多在同题材展览中鲜少见到的内容组合方式可以有效地为参观者所获取，也让各个单元非线性叙事之间的联结变得更为紧密，更便于策展团队在各个单元和文本细节中加入一些巧思，使叙事的精妙悄无声息地融入观展体验之中。这些在常规做法中取巧以出彩的方法，下文会进行详细讨论。

2.多维立体的章节叙事

　　"丽人行——中国古代女性图像展"共分四个部分：三个古代女性单元和一个当代艺术部分。四个部分各有侧重，因此在具体的叙事方法上也做了不同选择，以更好地传达重点信息。四种叙事方式互为补充，使展览最终在观众眼中立体、丰富起来。

　　（1）第一部分：历史变迁与线性叙事

　　任何一种艺术的存在和发展总是和时代的各种社会文化现象联系在一起，中国古代女性图像也是如此，代表了各个历史阶段社会对女性的看法。当然，风格、技法、情节安排和人物的选择，都取决于创作者的禀赋和个性，所有细节罗列起来几乎可以编写出一部伴随着时代变迁的"女性史"（图3-29）。因此，第一单元"闺闱风韵"的设置目的就是让观众了解中国古代女性图像的发展史，对展览主题有一个整体的概念。用线性叙事来讲述"女性史"的纵向发展脉络是一个自然且合适的选择。

　　"女性史"的讲述始于中国美术史上首件以女性为中心的人物画——《人物龙凤帛画》，展现的是战国时期楚国所崇尚的细腰美人，这一时期的人物画遗存不多，且以贵族妇女为主，常表现较为宏大的宇宙观。至魏晋南北朝时期，清谈玄学之风盛行，外在风貌之美被用于表达内在人格的高洁。画家遵从"以形写神"的原则来刻画人物，肖像画得到了重视和发展，女性形象也成为主角，单独出现在画面上，多呈现出清秀瘦削、修身细腰的外形之美，表现出人物内在的超凡脱俗。在极致的

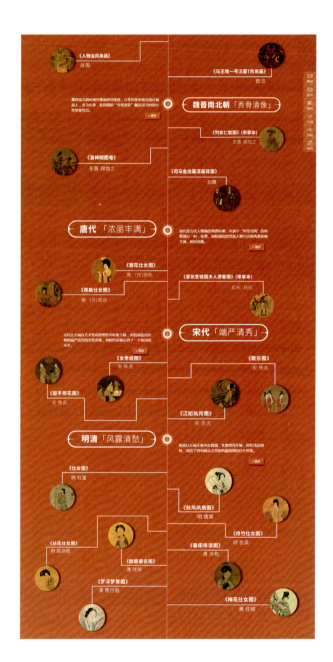

图3-29　"丽人行"云展览
网站上的"女性史"梳理

唯美主义之中，也蕴含着强烈的道德宣教色彩。唐朝经济发展，社会富庶，风尚日趋奢华、安闲和享乐，仕女画开始突破伦理教化的藩篱，反映贵族妇女优雅闲适的生活，并且炫耀她们的艳丽容貌和高贵气质，人物形象显得丰腴而华贵，却也体现出贵族女性养尊处优、无所事事的生活状态，以及对平民阶层妇女的较低关注度。宋朝文人士大夫的艺术趣味和审美观点的影响力逐渐扩大，并且日趋世俗化，审美趣味转为纤细、含蓄、清淡、自然，"存天理、灭人欲"的伦理纲常逐渐在社会中起主导作用，礼教对女性身心的束缚逐步加强，女性图像的题材也开始变得多样化、世俗化。总体来说，当时的女性多表现出温柔可亲、端庄自持的特征。明清时期，资本主义萌芽并发展，市民阶层壮大，奢靡之风泛滥，文人画家投身于市井生活，并出现了专门的仕女画家。他们创造出一批风露清愁、纤弱清秀的女性形象，甚至达到了病态的程度。除了外在美，明清画家也崇尚女性的内在美，并赋予画中女子以才情，常描绘女性专心致志地看书写字、吟诗作画、吹箫弹琴的状态。

　　展览虽然并未以大量文本将"女性史"的发展轨迹完全串联起来，但通过放大图像局部，让每个时期具有典型性的女性形象按照时间顺序串联排列，使观众在行走中跟随时间线向前，利用认知心理学中大脑的"自动补全"机制，将图像联系起来，从而完成了以点连线的线性叙事。

　　（2）第二部分：场景营造与点状叙事

　　点状叙事是一种碎片化的叙事方式，常见于开放世界游戏中，游戏剧情呈点状分布，散布在世界的不同地点、不同时间。点状叙事的片段单独看来可以完整也可以不完整，但应该具有一定意义；片段之间不需要是强关联的，但通常可以组合形成一个整体。

　　第二单元"云幕椒房"的内容着眼于"空间"，重点选取闺阁作为室内环境的代表，选取庭院、郊野作为室外环境的代表。对这些场景的描绘在时空上各不相同，很难形成一个完整的故事，因此策展的叙事思路聚焦在这些场景的共性上，也即同类"空间"对女性生活的框定和形象的塑造，从而使观众在众多"佐证"中形成一个综合的印象，或者得以提炼出一个更为抽象、并非某一具体女性身处某一"空间"中的大致形象。这些星星点点的"佐证"便是一个个场景中的女性生活片段。

对"空间"片段的展示和解读分为三个主要部分：女性日常所处的场景、女性使用的器物和女性自身的活动。场景是一幅图像观看视角的彰显，包含了建筑物如门、窗、帘等，也有花、鸟、鱼、虫等动植物，室外场景中则常出现山川、河流、石头等自然与园林造景类的人文景观。值得注意的是，许多看似是郊野的场景实则是院落中模拟的自然景观，这些作品中大量出现的住宅空间遵循着"辨内外"原则，即以中门为界，将住宅分隔成"内"与"外"的空间，将"女""男"分别与"内""外"相联系，设置"女正位于内，男正位于外"的纲常规范，并将这一规范提升至"合天地之大义"的高度，以便合理地将女性框束起来。日常器具的加入使画面变得丰富，也将女性的精致主义美学推向了一个新的高度，一些器物如屏风作为空间分割的补充出现，但更多的是以色彩或形状装饰点缀的器物——不论实用与否，如床榻、茶几、凳子等家具，瓶、炉、壶、盏等小器物，还有扇、巾、钗、环等随身用品，高低错落，各司其职，将场景塑造得更为具象，使未直接展现出来的女性活动有迹可寻。女性自身的活动是场景故事性的核心，画面可以看成女红、看书、绘画、弹琴等不同动态下某一帧的截取，除了反映女性在特定活动中应有的着装、容貌、姿态之外，更重要的是对人物情绪的表达。某些时候，这些活动也是画家对理想女性形态的描绘，或是自身情思的寄托。

（3）第三部分：殊途同归与多线叙事

第三单元"庭院春深"对于整个展览来说具有明显的特殊性，其中的许多画作并非女性人物画，而是女性画家笔下的其他事物。在这一部分，我们试图向观众传达一个理念：当我们描绘女性形象时，不仅要有外在之形，还应有内在之形。古代女性的书画作品可以看成她们的一种"自述"，这种"自述"不一定要直白地关于自己，却处处传达着她们所受的教育、所处的环境和所形成的精神世界共同塑造的人格形状。

这些女性的个人故事更像是传记，相互独立却十分完整，因此非常适合电影叙事概念中的多线叙事，即多个小故事在一个时间段内由其中的一个故事或者一个事件串联起来。在这里，这个串联便是明清时期对女性才学的崇尚，由此孕育出三股女性画家势力：闺阁画家、青楼画家与宫掖画家。这一现象在中国绘画历史上是罕见的，在这样的背景之下，基于社会阶层与身份的差异，她们创作的动机、风格、内容、成就等皆有所不同。

闺阁画家在翰墨飘香的家庭环境中长成，得以饱览大量家藏的优秀作品，并且能够亲受父兄的笔墨熏陶，因而她们的艺术成就总体上高于其他女性画家。如文俶及周淑禧姊妹、李因、陈书、恽氏闺阁画家群等，创作题材主要为花鸟画、仕女画，也有宗教画、文人画，由于外出机会有限，山水画虽有但数量较少。明代青楼昌盛，仕途失意的文人雅士以游妓为荣耀，青楼女子十分注重文艺技能的培养，只为迎合明代士人对女子"色艺双全"的审美要求，获得与文人来往、改变命运的机会。在书画上，当时青楼画家的绘画题材范围一般比较狭窄，主要以兰、竹为创作对象，这很大程度上是由于兰、竹形象简单，可在短时间内纵情涂抹，助一时之兴。但其中也不乏佳者，如马守真、顾媚、卞玉京、薛素素等。宫掖画家的时兴主要源于晚清慈禧太后对书画的热情，以缪嘉惠为代表的宫廷职业女画家既要指导太后绘画，又要为其书画代笔，因此作品多为牡丹、仙鹤、苍松、雄鸡等寓意吉祥如意、富贵长寿的题材，鲜有自我表达的空间。

在历史为女性画家留下的狭窄空间中，仍有多种女性成长与成功的路径，这些带有"人物传记"烙印的作品，汇聚成了时代进步和女性意识逐渐觉醒的趋势。

（4）第四部分：千人千面与平行叙事

尾声的当代女性艺术空间的叙事是四个部分中最反主流的，因为三位艺术家在创作的过程中从未相互沟通，也没有确定主题，而是纯粹基于女性艺术家的身份与世界展开对话，因此作品之间的关联微乎其微，很难进入统一的、主题性的叙事空间。

平行叙事严格来说应该算是多线叙事的一种，但在第四部分的使用与第三部分又相当不同。相较于第三单元的罗列与总结，尾声部分更适合的思路是发散与延伸，向观众展示当代女性的无限可能。此时的平行叙事更强调不同年龄、背景、身份、艺术偏好的女性，千人千面，各有千秋，并无高低之分，皆有美好之处。

这种叙事方法在美术类展览中其实并不少见，它脱离过多的文本干涉，利用空间、光影引导观众深度观看画作。观众可以自由选择顺序，欣赏风格全然不同的三件作品：浸润纤维艺术作品《本草纲目·2》，以草木联结女性与自然生命，从"考古草木"到"考古自身"；巨幅人像《秀幽于秋》，描绘人与山林、蔓草、动物、晚风一起幽然生长；清宫仕女图《宫》，体现女性处境和女性力量。这样的方式并不会产生不和谐感，反而创造了充足的思考与对话空间。

3.以人为本的身份转换

展览叙事的讲述者是策展一方，倾听者是观众，从叙事的结果来看，如果观众可以将自身带入叙事之中，那么双方都可以成为叙事的参与者。"丽人行——中国古代女性图像展"本就是一个关于"人"的展览，秉承着以人为本的宗旨，在叙事中，通过文本、场景和多媒体等介质，促成观展中观众身份的多重转换，使观众不再是单向的接受者，而是与展览有所交流、相互融合。

展厅设置了约一分钟的"丽人行"IP概念动画，在动画结尾处，从中国古代女性人物画中跃出西式画框的连衣裙少女，初步带领观众进入古今流转的心境。在展览的单元说明中，许多带有当代女性主义视角的解读强化了这种"今人"与"古人"的身份转换。古代女性并非仅作为一个被审视、被评判、被观看的客体，而是一个可代入、可独立思考、可追求美好生活的朋友、故交甚至是自我。此后围绕展览在社交媒体上展开的"在浙博遇见古代的自己"活动，把古今之间的距离进一步缩短。在与许多画面相呼应的展厅布景中，观众身穿汉服打卡拍照，或在文字图版前若有所思，都验证了古今身份转换叙事的有效性，古代女性文物在当代仍具有的社会学价值也得到了充分体现。

　　与之相伴的是第三人称向第一人称的转换，即被观看的"她"就是"我"的心理变化。这是建立在理解古代女性的基础之上的，之后才是"成为"古代女性。但这种转换是与当代女性的自我意识相结合的，并不是真的希望回到那个处处被规训的古代，而是肯定当时的女性抗争，肯定在有所局限的时代，女性依然参与了美的生产，参与了历史的书写，留下了令人难忘的身影与故事，而现在的"我"所处的时代也有局限，也将成为历史的一部分，因此也要为了女性这一身份而抗争。同时，也时时提醒自己不要陷入封建社会的女性困境，尤其警惕以消费主义、虚假女权、雌竞等更为隐晦的方式侵蚀女性生活的陷阱，"我"随时可能身处与"她"一样的境地，但因为有"她"，"我"可以做得更好。正如"丽人行——中国古代女性图像展"的结语所阐述的，当我们谈论中国古代女性时，我们其实也在谈论当下女性在职业发展、经济独立与婚姻家庭之间难以两全的挣扎，谈论女性获得真正幸福与实现自我的途径。

　　第三重身份的转换是男性与女性。虽然直观看来，展览的主体是女性，但从根本上看，男性与女性首先都是"人"，且男性不仅长期以来参与了女性的性别构建，而且是观众群体中不可忽视的一部分。因此"丽人行——中国古代女性图像展"看似在说"女人"，实则也在说"男人"。男女的生理差异和长期以来社会地位的不同，几乎决定了在许多事物上男性难以达成与女性相同的认知，也很难真正做到代入女性视角、与女性共情，女性主义的许多概念甚至令男性感到不适。在"丽人行——中国古代女性图像展"的文本中，有一部分原创诗歌以亦古亦今的语言表达女性的当代思索和柔性抗争。这些诗歌多以去主语化的祈使句构成，读之朗朗上口，情感自然流露。这种两性皆可代入的方式，是展览叙事中为有意理解女性的男性打开一扇窗的尝试。

（三）展品选择

做好展品的选择是至关重要的一步，成功的展品选择可以为策展方赋能，同时也对博物馆观众有所裨益。一方面，合适的展品将会使整场展览更加紧扣主旨，深化观众对展览主旨的认知，使展览阐释更加鲜明与生动，让观众对展品背后的内涵与意义的理解更加深刻；另一方面，精心设计的展品组合还可以增强展览效果，使观众身心投入，提升观众的观展体验，从而更好地实现博物馆的教育与传播功能。

"丽人行——中国古代女性图像展"不仅希望观众在美的展厅空间欣赏到古代女性相关文物，感受文物的艺术魅力和不同时代的审美风格，获得美的享受，还希望丰富观众对古代女性的外在形象、生活空间、多维身份等多方面的认知，带领观众走进她们的世界，并启发观众由古代文物联系当下现实，加深对当代女性主义的思考，从而更好地实现博物馆为社会及其发展服务的使命。也就是说，展览不仅强调"赏物"，还注重"认知""思考""使命"。因此，"丽人行——中国古代女性图像展"是有明确主题和故事线的信息定位型展览，其展品的构成和组织方式与传统的器物定位型展览有很大不同。传统的器物定位型展览以器物为本位，在展品选择时关注文物的级别和审美价值，在展陈时也将文物作为最主要的陈列对象，展陈人员将文物摆放在展柜之中，以展示文物本身的外形、材质、花纹等，观赏文物便成了观众的主要观展方式与观展目的。而信息定位型展览以传播和理解为主要目的，文物不再是陈列体系的单一组成部分，展品之间不是孤立的、缺乏系统性联系的，观众的观展方式也并不只是简单地观赏、凝视展柜中的文物，而是通过整场围绕展览主题的展陈叙事，有效接收信息，引发精神共鸣与情感共振。接下来详细阐述展览中三大类主要展品的选择思路与方法。

1.紧扣各级传播目的的古代女性绘画

中国古代的女性题材绘画数量可观，以往对古代女性题材绘画的研究和展示多从艺术史的角度按年代或作者排列，分析画作的审美性、技法风格等，观赏成了观众的主要观展方式与观展目的。而"丽人行——中国古代女性图像展"不局限在艺术欣赏层面，更关注其折射出的社会文化意涵，有着直面当下的策展理念，希望让数量可观的古代女性题材绘画参与到当代女性主义的讨论中，以古启今、以物启思。

（1）以绘画与主题及传播目的的相关性作为首要原则

作为信息定位型展览，"丽人行——中国古代女性图像展"在选择展品时并未将文物级别和艺术价值作为唯一的评判标准，而是将绘画与主题及传播目的的相关性放在第一位，确保选择的每件展品都是为呈现和表达主题而服务的，使展览的主旨更加明确，展览的叙事结构和故事主线更加清晰。例如，清代朱德新的《浣女图轴》描绘的是平民女子而非服饰华丽的贵族女性，视觉上的美感也不如精美的美人画，文物等级为三级，但仍被此次展览选中，因为该画生动地展现了中国古代女性的浣纱群像，富有生活气息；再如清代叶衍兰的《摹随园十三女弟子湖楼请业图卷》是苏州博物馆所藏尤诏、汪恭《随园十三女弟子湖楼请业图卷》的摹本，虽然在文物级别上不如苏州博物馆的原作（为三级文物），却是此次展览中的重点展品，因为这件摹本同样传递了丰富的信息，再现了诗才辈出的吴越才媛，依然可以使观众了解到随园女弟子这一中国诗歌史上少见的女性诗歌创作群体。

"丽人行——中国古代女性图像展"中每一件入选的展品都与古代女性生活息息相关，观众在对画作进行更加直观和细致的观察、体验之后，与展品之间的沟通和交流也有所增强，进而引发对女性地位和女性身份的思考。

（2）聚集内容相似的画作形成组团

在信息定位型展览中，策展人不再简单地将文物作为单纯置于展柜中供凝视、观赏的对象，而是将其作为整场叙事性语境展览的有机组成要素，利用系统性、情

节性的陈列语言，使其通过自身向观众进行阐释和佐证。通俗来说，就是通过
展览陈设将展品的内在意义与价值进行书写讲述，向观众讲好一个"文物故事"。
因此"丽人行——中国古代女性图像展"不仅将画作分到各层级板块，还进一
步优化陈列语言，打破以历史先后为序的陈列顺序，从画面内容出发，将每个
小节里类似的画作聚集成一个个更细化的信息组团。各层级板块的主旨与展览
总主题高度契合，每个小节之下又聚集了一个个组团，各个组团既可单独成立，
又彼此联通，达到层层递进、深化展览主题的效果。

进行细化组团展示的展品有着更好的信息传播效果：第一，围绕相似内容
进行聚合的展品，相互之间的关联性更强，要素相似度更高，在进行展陈设计
时会更加顺滑，有助于强化对各级信息的阐释，重复加深观众的印象；第二，
将关联性强、要素相似度高的画作并列展示，使其在反映共性的同时也能产生
对比，观众通过不同环境、不同状态的女性形象，从更多角度认识所阐释的内容，
也能比较不同画家画法的差异，体会历史变迁中社会对女性审美的变化。例如，
"琴棋诗画"小节展示了关于"女子与琴"的六幅画，形成组团（图3-30），描
绘了窗下、堂前、石上、竹边、山中等不同环境中女性抚琴的画面，她们或一
人抚琴自娱陶冶情操，或一人抚琴一人聆听交流感情，她们在画中的姿态也各异，
有的正面，有的侧面，有的背面，使观众既能多角度体会琴与古代女性的紧密
联系，又能了解琴在女性生活中的不同意义和作用，还能直观感受到不同画家
的画法和风格。

（3）对绘画作品采取多种阐释手段

在对绘画作品进行阐释时，博物馆往往会遇到这样的困境：如若没有专业
人士的指导，观众对二维平面画作的内容解读往往缺乏头绪，导致观众在绘画
作品前驻足的时间远少于在实体文物展品前驻足的时间。而"丽人行——中国
古代女性图像展"以观众为本，通过各种手段对展品进行深度阐释，让观众更
好地理解绘画作品的内容意境和策展团队想要传达的信息。除了提供各层级板

图3-30　"女子与琴"展品组团

块说明文字、小知识点的示意图、介绍文字来帮助观众理解展览内容，我们还为每一幅绘画撰写了详细的画作说明，说明牌不仅包含绘画作品的基本信息（作者、时代、作品名称等），还附有优美而又通俗的解读文字，结合其所属的展品组团凝练地描述画面内容，传递信息。比如清代张福康《设色渔妇晓妆图轴》的说明文字为："图绘柳枝摇曳，清波漾漾，水草层层，泛舟的渔妇利用低头可见的水面作为照容的镜子，她欲将发髻绾起，巧手摆弄。在铜镜发明之前，古人便是通过户外河湖以及井里静止的水面倒影，或在陶盆、青铜鉴等器具中盛水来映照容貌。"这段话不仅描绘了画作的内容，还让观众获知古代女性照容的不同方式。

　　古代画作往往包含丰富的内容，为了让画作更明确地传达在展览中所属组团的信息，我们将画面上与所属组团相关的细节进行放大，以圆形图版的形式呈现，方便观众更加清晰地查看画作的细节，更好地把握与组团相关的重点。圆形图版的设

图3-31　"簪珥璎珞"小节采用圆形图版放大局部

计打破了展览中图版布置多为长方形的古代画轴和屏风展板的单调感,层次上更加多元,更具观赏性。例如"簪珥璎珞"部分,先是用说明文字向观众讲述古代女性的首饰类型、质地、功能,点明玲珑美物中大有乾坤,再用圆形图版放大绘画作品中女性的发饰、耳饰、项饰、腕饰、指饰等局部(图3-31),强化的视觉呈现让观众对古代女性的仪容风韵、审美情趣有了更直观的了解,达到了增强内容阐释的效果。

2.围绕画作内容的相关配套文物

　　"丽人行——中国古代女性图像展"采用"以物解像、多维立体"的展示方式,在以古代绘画作品作为主要展品的基础上,搭配了金银器、瓷器、漆器、丝织品等其他品类的文物,使观众在"物"的辅助下看清古代绘画"像"的细节,了解"像"中呈现的生活、历史与文化。画作展品与配套文物构成的立体化展品组团，为展览的叙事构建了完整的陈列语言，丰富了信息的传播模式与路径，使观众的体验得到大幅提升，也使展览的综合效益最大化。

（1）寻找与画作内容相关的文物

"丽人行——中国古代女性图像展"将二维文物和三维文物相结合，用三维文物对二维平面的图像进行阐释。首先，充分研究画作内容，发掘绘画作品细节。接着，寻找与画作内容具有较高契合度的实物文物，来对二维图像内容进行三维实体化呈现，使画作"活"起来。绘画作品不再是陈列于柜台之中单一、孤立的展品，而是与配套文物形成有机的组合，不但增强了展览的层次感，使视觉体验更加立体丰富，而且多种展品相辅相成，使信息得到了更好的传达。

展览选择的画作相关配套文物包括两大类。

一类是直接相关的文物。这类文物与画中所绘之物相似，例如绘画作品中女性佩戴的首饰、穿着的衣物、使用的物品、摆放的器具等，可与画面中的情景相印证。画作与文物的配套出现将绘画作品中平面的二维图像转化为更加直观和具体的三维物体，使观众对画面内涵有更加饱满的感知。如"山水园林"小节有幅清代陆鹏的《设色竹里煎茶图纨扇面》，画中仕女手执蒲扇，其前方摆有一套精巧风炉，炉上正在煎茶。在扇面旁，我们选取了与画面中风炉极为相似的嘉善博物馆所藏清嘉庆二十三年（1818）朱坚铭铺首衔环铜风炉（图3-32），将二维画作中的细节具象化地呈现于观众面前，加深观众对女性煎茶活动的直观认识。

另一类是间接相关的文物。这类文物或许并没有直接呈现在绘画作品中，但与绘画作品表达的主题高度相关。例如在"素手女红"部分，有幅《倦绣图轴》呈现了仕女刺绣休憩的情景。画面虽然描摹细腻生动，但平面化的呈现可能会使观众难以抓住要点，因此展除了放大刺绣细节，还选择了清代鞋形针线盒、清代嘉庆绣团花纹缎、清代麒麟送子纹刺绣帐沿三件文物作为画作的配套展品（图3-33），一同呈现于观众面前。这些物品虽然未被描绘于画面之中，却是女性刺绣的工具和成

图3-32   《设色竹里煎茶图纨扇面》和风炉（左）
图3-33   刺绣展品组团（右）

果，精致华丽的针线刺绣与灵动精巧的针线盒将女性的心灵手巧展现得淋漓尽
致，让观众真切地感受到古代女性的劳动智慧。配套文物与绘画共同使古代女
性刺绣的主题得到了较全面的呈现。

（2）考虑文物种类的多样性和丰富性

我们在选择画作的配套展品时，会尝试将不同时代、不同质地与工艺的文
物一同呈现在观众面前，力图使所传递的信息更加科学、全面、系统。如在"簪
珥璎珞"部分，为了向观众直观地展现古代女性所佩戴首饰的类型繁多、造型
多变，我们将画作和不同时代、不同质地、不同形式的同类文物进行配套陈列，
这是一种兼具知识性与观赏性效果的展品选择方式。在选用清代顾烈的《蕉阴
仕女图轴》与清代余集的《仕女图轴》介绍手饰时，配套陈列了六朝金镯、北
宋鎏金缠枝花纹银镯、明代双龙纹玉手镯（图3-34）等不同年代、不同质地的手镯，
向观众展现古代女性手饰的精妙多彩。观众通过观察这些品类丰富的文物展品，
在了解与古代女性生活相关信息的同时，也获得了视觉享受与审美熏陶。

图3-34 选择不同年代和质地的手镯作为配套展品（组图）

3.形成古今相照的当代艺术作品

"丽人行——中国古代女性图像展"除了整合和重释古代女性题材绘画及其相关文物，还纳入了当代女性艺术家的作品，将其陈列在专门的当代女性艺术空间，作为展览的尾声。选择当代女性的作品，意在使观众在古与今的交汇、碰撞、对比之中，领略女性的风采，走进女性的内心世界，从女性个体的角度观察与认识世界。所选三组作品的创作者分别是50后、70后、90后女性，我们希望借其作品呈现出女性不同生命阶段的所思所感。

第一组展品《本草纲目·2》出自50后艺术家施慧之手。她浸润纤维艺术30余年，将这种传统的艺术在当代中国推向了新的高度。常人眼中，纤维柔弱而女性化，而施慧却感动于纤维艺术所能产生的强大的视觉冲击力。她凭借女性的本能在纤维世界里探索属于自己的语言，最终在回归乡土中找到了自然与传统的联结。富有强大视觉冲击力的《本草纲目·2》的一纤一毫都出自当代女性之手，观众驻足于前，不仅能享受到视觉上的文化诗意，产生对传统文化理念的追忆和思考，还能联想到中国古代女性创造的智慧结晶。古代女性精美的刺绣、灵动的画作、隽永的诗篇，无一不向世人证明女性世界的丰富多彩。女性作为独立的个体，对世界有着自己的感知和思考，拥有独属于自己的创作能力。

　　第二组展品《秀幽于秋》来自 70 后艺术家潘汶汛。她的作品一如她本人，温柔而坚定。她自传统中领悟，从生活中观照，水墨中淌出的，是天真淡然和心中善意。如许多当代职场女性一样，她在生活中有着多种角色，作为教师，作为妻子、女儿、母亲，要承担起相应的责任。在时光的流逝中，她逐渐感受到拥有了自己所能够支配的力量，这种掌控自己的能力，是现代社会和女性自身共同给予女性的空间和可能性。无须过多的言语阐释，也不必将画面内容形态具体表述，观众在《秀幽于秋》随机而奇幻的浪漫笔触之下，便可体会古今女性身上看到的一些共性——女性的直觉、敏感与坚韧，以及有着足够强大的力量支撑她们去完成想要做的事情。

　　第三组展品《宫》由 90 后艺术家刘禹君创作。眼前的画作，不是句号，而是问号，是思想和对话的空间。不拘于画纸，不拘于空间，不拘于训诫，带着青年人的能量，刘禹君以她细腻的感知支撑理性的思辨，尊重且聆听着每一个独立的个体。观众在品味充满生命力的《宫》时，可以看到自己的能量，看到自己的自由，体会女性的审美、创造力与独立的思想，于古今交汇点展开多维思考："女性"不是一种附属的性别，而是一种独立的诠释角度。

　　除了上述三大类展品，"丽人行——中国古代女性图像展"还利用复原件、场景、新媒体技术等多种辅助展示手段的有机结合，将展品以叙事性的方式进行阐释，令观众对展品的了解更深入，使每件展品都可以进一步拉近观众与古代女性的距离，引发观众的思考。

四、情境关联的形式设计

（一）传统符号

　　符号是意义的载体，是精神外化的呈现，具有能被感知的客观形式。"丽人行——中国古代女性图像展"以"丽人"作为一个象征符号，选取不同的展品组合，来丰富古代女子的"丽人"形象。我们先来讨论一下"丽人"的文字符号所代表的内涵。"丽人行"出自唐代诗人杜甫的《丽人行》。在这篇诗文中，杜甫通过描述古代女性的外在形象、生活空间和多维身份，展示了古代女性的生活状态。以这三个字作为展览的名称，深刻地点明了展览的主题（图3-35），即贴近古代女性的各个方面，窥探她们的生活，唤起观众对古代女性的关注，同时也引起观众对当下女性状况的思考。"丽人行——中国古代女性图像展"立意深刻，通过选择不同的展品，聚焦于女性主义这个受到越来越多关注的社会议题，展示古代女性在社会、文化和精神层面的多样性，并以丰富的细节展现她们的生活状态和内心世界。每个展品都是一个符号，代表着古代女性的某个方面，无论是服饰、角色地位、生活场景还是情感表达。这些符号有助于观众理解和感受古代女性的生活体验，并与之产生共鸣。

　　巫鸿先生将中国古代女性空间描述为：一个被认知、想象、表现为女性的真实或虚构的场所；一个整体的空间——以山水、花草、建筑、氛围、气候、色彩、气味、光线、声音和精心选择的居住者及其活动所营造出来的世界。因此，在设计展览时，我们需要将具象化为抽象，化繁为简，创造一个独特的关于中国古代女性的"空间"，以营造"丽人行"主题的氛围，并打造一个"无声胜有声"的场域，用设计语言还原这一场所。

　　"丽人行——中国古代女性图像展"以巫鸿先生关于古代女性空间的评述为指

图3-35 序厅"丽人行"符号的视觉表达

导，力求将设计的语言与古代女性的生活和价值联系起来，创造出一个独特而意义深远的展示空间。

在形式设计上，我们挖掘了女性文化的视觉要素，并将其融入视觉设计、空间设计和光影设计中，形成隐喻女性主题的展示情境。在展览的设计中，我们使用了大量象征四季的植物，比如竹、柳和梅花，代表庭院风景的假山石（图3-36），以及闺房中常见的摆设，比如案几等具象图案。竹象征高洁，柳树象征温婉，梅花象征坚韧，这些传统符号在展览中富有象征意义，帮助观众更好地理解古代女性的生活环境。古代丽人"行"的空间格外有限，近至闺房，远至庭院。展览设计在视觉上也是方正的，让人仿佛能感受到古代女子生活空间的局促。在这样一方狭小的天地，她们是如何"行"的呢？她们精研琴棋书画技艺，将闺房与庭院变成自己的小天地。她们不断地表达自我，丰富自我，甚至有一些女性走出廊院的方寸之间，开拓出属于自己的天地。

图3-36　富有象征意义的传统符号

　　通过设计手法，我们希望营造出一种真实而微妙的空间感，让观众更深入地体验古代女性的生活状态和内心世界。同时，通过展示女性在有限空间中的创造力和内外拓展的勇气，启发观众思考女性在社会、文化和历史中的地位与贡献。

（二）物像一体

　　在过去的书画展览中，如何更好地让观众感知和理解作品一直是一个难题，特别是涉及中国古代女性形象时，我们似乎很难单独从纸质的画中窥探古代女子的生活状况。自公元前5世纪起，女性形象开始出现在绘画作品中，到了汉唐时期，女性已成为绘画作品常见的题材之一。然而，由于古代绘画留存至今已有数千年，这些作品所呈现的女性生活信息常常是碎片化的，很难形成内在的逻辑联系。此外，

图3-37　二维图像和三维实物相结合

这些画作中的女性形象往往被框定在传统的审美标准之下，并不能真实反映当时女性的处境。为此，我们尝试通过在展览中加入相关的文字介绍、历史文献资料、考古发现等辅助材料，帮助观众理解古代女性题材的绘画作品，全面了解古代女性的日常生活和社会地位。

　　"丽人行——中国古代女性图像展"采用"以物解像、多维立体"的展示方式，旨在探索书画类展览的全新模式。我们精心筛选，将书画作品及相关的古代女性饰品、服装和生活用品等实物作为辅助展品（图3-37），让观众更好地了解古代女性的装扮、家居陈设和生活用品等。举例来说，在"云幕椒房"单元的"丽居静好"一节，我们重点展示了古代女性生活中的一个细微切面——夏日消暑。清代费丹成的《设色四季仕女屏（之三）》描绘的即是清代女性日常起居的情景，观其室内摆设，花觚、烛台、瓶、炉、漆盒、桌、椅，无不精细。整幅画作笔墨洁净妍雅，寓意吉祥美满。观众在欣赏这幅画时，很容易被女子生动而喜悦的神情吸引。为了给观众营造一种身临其境之感，我们将这幅仕女图与花觚、漆盒、烛台等实物展品进行了组合式陈列。

我们还运用圆形图版，以及多形态、多媒介的数字化展示要素，构建二维图像、动态影像和三维实物相辅相成的立体化视觉组团，打造"物像一体、情态生动"的博物馆视觉景观。比如，为《摹随园十三女弟子湖楼请业图卷》制作动画，使观众可以通过多维立体的展示方式以及二维图像、动态影像等视觉组团来更好地感知和理解画作。我们希望这样的改进能够为观众提供一个融合艺术与历史元素的视觉盛宴，并为传统艺术展览带来全新的可能性。

（三）沉浸体验

"丽人行——中国古代女性图像展"敏锐地把握时代审美，兼顾艺术表现与观众的差异化需求，探索形成了一套合理的艺术阐释策略，使形式设计与内容设计高度契合。策展团队从色彩、光影、意象、道具、光照强度等细节入手，营造"丽人行"的主题氛围，创造沉浸式展览空间，以通俗易懂的方式向不同层次的观众阐释展览的深层文化内涵。观众在展览不同环节和互动活动的参与中，进一步与之产生共鸣。"丽人行——中国古代女性图像展"的艺术阐释策略和展览设计，打破传统限制，为观众提供了一种全新的参与和感知艺术的方式。这种创新也为更多的展览提供了启示和参考。

其一，于色彩变化、光影流转中体会古代女性的内心世界。展览的三个单元采用不同色彩（图3-38至图3-40），在视觉上营造出古典温暖的氛围，使观众感到舒

图3-38　第一单元效果（上）
图3-39　第二单元效果（中）
图3-40　第三单元效果（下）

图3-41　处处体现的主题氛围感

适放松，沉浸在展览构建的情境之中。柔和的低饱和度色调突出了中国古代女性的温婉性格和恭俭品质，淡雅的渐变效果象征着中国古代女性的淡然人生。展览试图以色彩反映古代女性的内心世界和生活状态，引导观众联想她们在受限环境中的生存与奋斗，反思当代女性在历史演进中的进步和挑战。光影的明暗交错和展项的材质变化，让观众在由外而内的参展路线中，感受到由公共到私密的过渡，产生更为亲近的情绪和体验。色彩和光影的运用与展品相得益彰，为展览增添了浓厚的氛围，使展览参观上升到艺术欣赏和情感共鸣的层面。

　　其二，循经典意象、古典元素走近古代女性的日常生活。"和羞走，倚门回首，却把青梅嗅""当窗理云鬓，对镜贴花黄""春风不相识，何事入罗帏""银烛秋光冷画屏，轻罗小扇扑流萤""帘影假山前。映阶红叶翻。芭蕉笼碧砌"，展览运用古代女性艺术中的门、窗、帘、屏风、假山、芭蕉等意象，以隐喻的方式引出主题，串联线索，营造出古代女性生活空间的氛围感（图3-41）。这些元素的组合，将古代女性的日常生活场景娓娓道来：房门边有少女含羞偷看客人；窗户前有女郎对镜梳洗妆扮；罗帐里有思妇借春风遥寄思念；屏风旁是宫女用小扇扑打流萤，排遣寂寞；珠帘内是闲看假山流水、红叶映阶、芭蕉碧绿的庭院生活。展厅中的布置和装饰，引导观众回到"过去"，身临其境地感受古代女性的生活环境，从而深入理解她们在社会和家庭中扮演的角色。

其三，以立体道具、三维场景构建古代女性的生活情境。以画作为平面，穿插人形立牌、四季植物、庭院假山、闺房摆设等立体道具，构建三维场景，进行文化诠释，丰富视觉层次。展览不仅借人物服装、建筑风格等细节元素向观众传达出文物的历史背景，还通过将文物回置到古代生活场景的方式展现文物背后的人文内涵。同时，展厅设置了独特的拍照点和打卡地，提高了观众的兴趣和参与度。互动式、沉浸式的参观过程，丰富了观众的感官体验，使其更全面地了解古代女性的生活和文化。

其四，在文物保护、视觉感受之间寻求展厅光照强度的平衡。一方面，展柜内光照强度应当控制在适当的范围，避免过强的光照对书画文物造成损害；另一方面，从观展者的视觉感受而言，利用照明设计可以帮助观众更好地观赏展品。"丽人行——中国古代女性图像展"在满足文物保护需求的前提下，根据展品的特点和主题来选择合适的照明装置、强度和角度，以光线和阴影的对比突出展品的细节特点，烘托展品的独特魅力，增强观众的视觉体验。

（四）思辨空间

策展团队对建筑空间和展示内容进行合理规划，以清晰明确的主线引导观众穿梭于不同的主题区域。根据西湖美术馆内的三层展厅格局，分为"闺闱风韵""云幕椒房""庭院春深"三个单元，通过系统翔实的信息组合和相关知识点延伸，增进观众对古代女性社会地位、生活方式、审美观念等方面的认识，从外到内逐渐进入古代女性的世界（图3-42至图3-44）。

　　其一，三个单元以不同维度呈现古代女性形象，全面展示她们的魅力和智慧。在这些精心设计的展厅空间中，观众不仅可以逐步了解古代女性的日常生活场景、文化传统和审美价值观，还能深化对其生活背景和个人经历的理解。通过对古代女性图像的展示及信息的深入解读，展览为观众带来了一次独特的文化体验之旅，不仅促进了观众对古代历史和文化的学习与研究，亦激发了观众对女性的地位和价值的深层次思考，推动社会价值观的正向发展。此外，展览空间的设计允许观众拥有足够的思考空间，通过实物的展示和解释，观众能够边游览边思考和感受古代女性的生活环境与社会状态。这种深度融合的展览与空间规划不仅展示了古代女性生活的多样性和复杂性，同时为观众提供了一个互动性强、富有教育意义的参与和思考的空间。

　　其二，通过控制情境、气氛、情节和节奏等要素，将文物展品的物理功能和历史意义转化为空间语言和视觉符号，展现其与展览内容的紧密联系。这种将展品与空间紧密结合的设计手法，使得观众在进入展览空间时，不会仅局限于观赏单一的展品，而能感受到整个空间所传递的氛围和情感，并被引导进入展览的叙事空间。同时，展厅设置了拍照打卡区、文创展示区、多媒体互动区、游客休息区等辅助空间，为展览空间赋予了更丰富的体验，提供了更多元的观览方式，使得展览空间能够满足观众的多方面需求。

　　其三，充分考虑人体工程学等因素，提升观展体验。合理设置观展的动线、展柜、展台、造型物和场景的空间布局密度，以及指引标识的排布，为观众提供舒适的观展体验，使观众即便是在离开展览现场之后也能对展览保持关注。

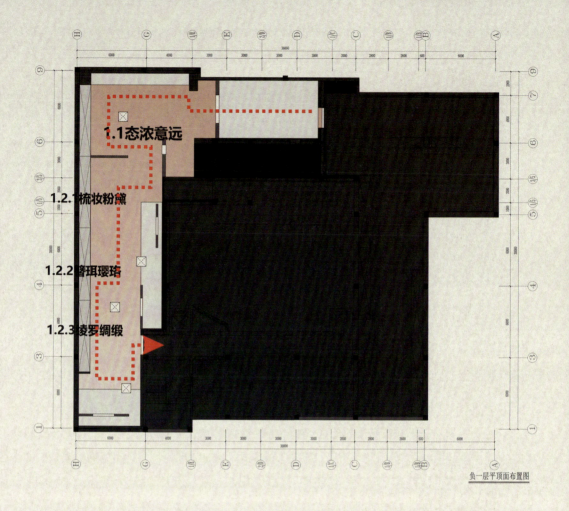

1.1态浓意远

1.2.1梳妆粉黛

1.2.2簪珥璎珞

1.2.3绫罗绸缎

负一层平顶面布置图

图3-42　第一单元走线（左）
图3-43　第二单元走线（右上）
图3-44　第三单元走线（右下）

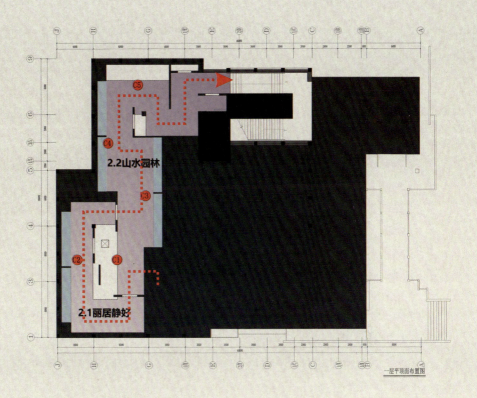

2.2山水园林

C5

C4

C3

C2 C1

2.1丽居静好

一层平顶面布置图

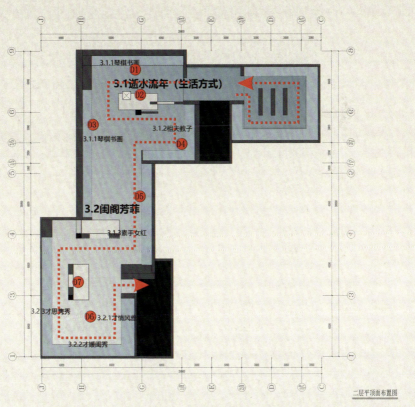

3.1.1琴棋书画
D1

3.1逝水流年（生活方式）

D2

D3

3.1.2相夫教子

3.1.1琴棋书画
D4

D5

3.2闺阁芳菲

3.1.3素手女红

D7

3.2.3才思隽秀
D6 3.2.1才情风揽

3.2.2才媛闺秀

二层平面布置图

（五）文保要求

作为一个以古代绘画作品为主的临时展览，"丽人行——中国古代女性图像展"对文物保护格外重视。书画展出的首要条件就是干燥，另外还要时刻注意霉菌、蠹虫、白蚁等严重危害有机质文物的不良因素。浙江省博物馆的西湖美术馆展厅位于西湖中的孤山岛上，大环境的湿度和温度条件先天不足，对文物的展出是一个严峻的考验。在布展前一个月，策展组联合浙江省博物馆技术保护部针对展出的文物专门开会，确定文物保护和安全保卫方案，保证各相关部门在相互对接需求时不遗漏各个细节，使每件展品都能拥有最佳的展陈和保存条件。

空气温湿度是时刻影响文物的环境因素。策展团队借助技术保护部的力量，提前做好温湿度设备的调试，并在布展前对所有展柜进行维护保养，更换密封条、润滑轨道等。开展后，技术保护部每天对展厅进行巡查，详细填写巡查记录。所有展柜均采用恒温恒湿机组自动控制其温湿度，展柜内分布有高精度温湿度传感器，对博物馆内的微环境进行长期实时监测。监测数据通过无线方式实时传送至监测中心，当博物馆内环境指标超标时监测仪器会及时报警，以便工作人员及时采取有效措施。传感器每 20 秒向自动控制系统回传一次实时温湿度数据，温度误差范围能达到 ±0.1℃，湿度误差范围在 2% 以内。

除了实时检测和控制温湿度外，浙江省博物馆还对可能威胁到文物的空气污染物进行定期检测。对人流量较大的展厅室内空间进行二氧化碳、硫化氢和氨的自动检测；在陈列有书画等对酸敏感的文物的展厅，对甲酸、乙酸等酸性物质进行定期检测；为保护展厅内对硫化合物敏感的彩绘、银器等文物，定期对硫化氢进行测定。

"丽人行——中国古代女性图像展"共展出了近 80 幅馆藏古代书画，书画展中的常见问题在这次展览中也避免不了。例如，有一件展品是清代卜国光的

图3-45　装框后的《仕女画屏（之二）》

《仕女画屏（之二）》，画作展现了古代女性下棋的场景，是馆藏唯一一幅该主题的画作。然而，面对还未修复装裱的画心，出于保护文物安全的原则，策展团队一度想放弃展出，最后是浙江省博物馆技术保护部的同事当场装裱（图 3-45），解决了这一难题，给策展团队上了生动的一课。

　　修复专家还现场讲解了传统书画的修复方法："书画修复的过程，可以四个字来概括：洗、揭、补、全。""洗"就是用温水或清水尽可能将书画上的霉斑、污渍等清洗掉；"揭"就是将书画原有的背纸和命纸揭掉，这一步至关重要，可采用手搓、镊子夹、毛笔清洗、快刀挑刮等办法；"补"即将书画上的破洞补好，要以画心为基础挑选好补纸或绢，修复难点在于找到质地相同的材料，老旧材料一般都比较难得，大多数时候还需要自己手工处理，根据画心的底色将拓纸做旧；"全"

即全色，首先要看准底色，然后根据画心调好颜色，先全小洞，按由小到大、由浅到深的原则，使整幅画的色调协调一致。

浙江省博物馆文物保护团队在继承传统装裱、修复技术的基础上，积极利用现代科技开展各类纸质文物保护修复研究，多年来，其研究成果和技术服务惠及省内多市的文博机构。"丽人行——中国古代女性图像展"的成功举办，离不开文物保护团队的保驾护航。

観 展

全面开花的展览配套

一、社教活动纷呈

　　博物馆特展的配套教育活动能够激发观众的兴趣。通过参与和展览内容相关的教育活动，观众可以更加深入地了解展览所呈现的主题和内容，并更好地理解和欣赏展览。此外，相关活动还可以扩大展览的影响力和受众范围。在"丽人行——中国古代女性图像展"展期中，我们举办了形式多样的线上线下教育体验活动，共计 42 场，受益观众 25730 人次。这些活动面向不同的群体，形式丰富多元，线上线下联动，为展览添彩。

（一）分众教育活动精彩纷呈

　　博物馆分众教育活动可以根据不同年龄、兴趣、背景的参观者需求，提供多样化的学习机会，并帮助公众更好地理解文化与历史的价值。展览期间，我们结合不同的观众需求策划了多个系列的教育活动，为观众提供多样化的选择。

1.学术讲座引领

　　学术讲座是对展览内容的深度解读，也是策展人传递策展思想最有效的渠道之一。"丽人行"展期中，策展人蔡琴先后以"'丽人行——中国古代女性图像展览'策展实践""丽人行——中国古代女性生活图卷""昨日重现与现实思索交相映照——'丽人行——中国古代女性图像展览'策展实践""博物馆数字展览的创新实践——以'丽人行'为例""与'她'共情——女性博物馆与女性展览""当我们在谈论女性图像的时候，我们在谈什么"等为主题，在上海大学、山东博物馆、首都博物馆、苏州博物馆、湖南博物院、吉林省博物馆以及"文博圈"线上平台进行学术讲座，受益观众遍布全国。

2."丽人行"进校园系列活动

　　面向未成年人的教育活动一直是博物馆社教活动不可或缺的部分，本次展览除了在馆区内开展的常规性未成年人教育项目外，还特别策划了"丽人行"进校园系列活动。以"古人的生活"为主题，以小学生乐于接受的活动形式为载体，将展览内容融入其中。策划了"古人的生活"系列子项目，如漆盒制作、探寻朱金木雕万工轿、女儿情水墨画等，走进了杭州市天水小学、杭州市现代实验小学、杭州市东园小学、杭州市安吉路实验学校等多所学校。

3.以女性为主角的节日活动

　　"丽人行——中国古代女性图像展"系列展览开幕时间选在"三八"国际妇女节这天。节日前后，联展博物馆之一的江西省博物馆结合展览主题特别推出了一系列面向女性观众的体验活动，包括"千古芳华"女性专题活动绣罗裳和游子衣以及"珠光现翠影·宝气萦朱颜"手作体验活动等。这些活动直抵展览主题，营造了浓厚的节日氛围。

（二）专题性活动兼顾教育与传播

　　"丽人行——中国古代女性图像展"推出了系列专题性活动。这些活动聚焦主题，面向全体观众，持续周期长，具有广泛的影响和较强的影响力，在实现社会教育功能的同时，有力传播了展览信息。

图4-1　八位"遇见者"在服饰展台上合影

1.在浙博遇见古代的自己

2022 年 4 月，"丽人行——中国古代女性图像展"热展之际，浙江省博物馆特别策划"在浙博遇见古代的自己"沉浸式体验活动，邀请了八位"遇见者"来到西湖畔的浙江省博物馆孤山馆区，将展览中展出的服饰一一穿于身上（图4-1），以更换中国传统装束的方式，找寻遗落在时光长河中的尘埃，展开一场连接古代与当代、沟通身体与心灵、糅合想象与现实的美丽邂逅。

图4-2 "丽人行——虚拟微策展大赛"海报（左）
图4-3 "丽人行——虚拟微策展大赛"配套讲座及培训海报（右）

2. "丽人行——虚拟微策展大赛"

在 2022 年国际博物馆日"博物馆的力量"主题的号召下，为进一步提高社会公众的参与度，寻找博物馆的力量，由中国文物交流中心指导，浙江省博物馆、浙江大学哲学学院创新创业中心、浙江大学考古与文博系共同主办的"丽人行——虚拟微策展大赛"（图4-2、图4-3）于 2022 年 5 月 18 日全面启动。"丽人行——虚拟微策展大赛"以"我眼中的古代丽人"为主题，通过"丽人行"数字资源和品牌的延伸，让公众在"记忆剧场"理念指引下，运用"亿间教室"三维超媒体技术平台，积极主动地参与知识空间化和可视化建构，分享自己对"古代丽人"的理解、

图4-4　"中国古代女子图鉴"
线上课程

思考，并展示创想，为博物馆力量的激发提供全新的舞台。

"丽人行——虚拟微策展大赛"共有 211 支队伍（含个人和团队）323 人参与。经过专家团队初选及评分，有 61 件作品成功入围，其中排名前 18 位的优秀作品进入了专家打分和网络投票环节，网络投票环节访问量共计 429151 人次，总票数达到 147322 票。"丽人行——虚拟微策展大赛"收获了参与者的广泛好评，也为后续"丽人行"云展览探索虚拟策展功能奠定了基础。

3. "三联中读"全景导读

"三联中读"是由《三联生活周刊》创办的聚焦人文知识的数字出版平台，致力于通过丰厚的人文知识储备输出立体化、个性化的生活产品。"丽人行——中国古代女性图像展"展览期间，策展人蔡琴特别录制了 6 期语音课程，通过《三联生活周刊》"三联中读"平台发布（图 4-4），观众可以跟随策展人的导读了解古代女性生活的方方面面。

（三）线上线下联动拓展社教外延

随着新媒体技术的日新月异，以及新媒体传播平台的广泛应用，博物馆官方自媒体也日渐成为开展社教活动的延伸平台，并因其不受时空限制的特点，大大提升了活动本身的社会效益，让异地观众也可以参与到线下展览的延伸体验中来。在"丽人行——中国古代女性图像展"展览期间，各联展单位都借助自己的官方平台开展了观众互动，拉近了展览与观众之间的距离。

图4-5　"丽人行——中国古代女性图像展"直播导览海报

1.线上直播导览

2022年3月22日,策展人蔡琴通过直播导览带观众一起品赏画里千秋(图4-5),了解古代女性的外在形象、生活状态和内心世界,共同探讨当代女性主义的困境与突围以及两性真正平等的有效途径。直播平台包括浙江省博物馆官方抖音和官方微博,以及"博物馆头条""弘博网""文博圈"等。

2022年4月1日,江西省博物馆邀请策展人和讲解员一起对"瓷·婳——女性主题艺术展"进行线上直播,带观众欣赏文物中的女性之美,让大家了解策展背后的故事,见证女性力量。江西省博物馆还通过系列短视频,选取"瓷·婳——女性主题艺术展"中最具代表性的女性角色,讲解她们背后的故事,看"她"与"瓷"将碰撞出怎样的美妙火花。

2.线上互动活动

2022年"三八"国际妇女节期间,江西省博物馆通过官方自媒体推出了一系列活动:看看"她"的美,制作"三八"妇女节特色海报;猜猜"她"是谁,线上有奖答题互动;祝福"她"的话,线上留言祝福她们的话……展览期间,江西省博物馆还开展了"#致敬你心中的她#"线上书信征集活动;安徽博物院开展了"寻找古画美人"线上模仿征集活动,邀请观众在展期内通过"云"赏中国古代女性图像,了解作品背景,模仿画中人物,自行演绎情境,拍摄照片或短视频,并将作品投稿至指定邮箱。

3.特色志愿服务

"丽人行——中国古代女性图像展"在开幕前面向社会招募特展志愿者,并邀请浙江电视台著名主持人龙薇薇特别担任"丽人行——中国古代女性图像展"001

号志愿者，借助其专业能力与社会影响力更好地传播展览所承载的文化。展览开幕后，除场馆服务外，志愿者还通过录制音频、线上导览等形式在线上为观众提供服务。

通过以上几个方面的教育活动策划与实施，"丽人行——中国古代女性图像展"在展览之外形成了形式多元、渠道多样、影响广泛的社教活动体系，成为展览服务观众的有效补充。

二、文创产品汇聚

（一）"丽人行"女性主题文创产品赏析

博物馆文创产品是文化遗产资源利用的重要形式，是博物馆文化传播和知识推广的重要途径，是博物馆融入经济发展、惠及公众生活的重要手段。"丽人行——中国古代女性图像展"文创产品展示区集中展示了来自七家博物馆（图4-6至图4-12）的女性主题文创产品，配合展览主题，展现古代"丽人"的外在形象与精神世界，并将古代女性生活的元素融入当代生活。

图4-6 文创产品（组图） 浙江省博物馆（上）
图4-7 文创产品 上海博物馆（下）

图4-8 文创产品（组图）   南京博物院（上）
图4-9 文创产品 安徽博物院（中左）
图4-10 文创产品 苏州博物馆（中右）
图4-11 文创产品 湖州博物馆（下左）
图4-12 文创产品 江西省博物馆（下右）

　　展示区内展出的文创产品大致可以分为七类：日用品、首饰、文具、纺织品、箱包、工艺品、其他。

　　日用品类，包括咖啡杯、冰箱贴、鼠标垫、美甲贴、袜子、钥匙扣、收纳盒、书灯、杯垫、手提袋、纸巾盒、口罩、茶壶、茶杯、化妆镜、花露水、唇膏、香皂，共18种45款。

　　首饰类，包括项链、耳饰、戒指、手镯、胸针，共5种17款。

　　文具类，包括笔记本、书签、明信片、收纳袋、钢笔、墨水，共6种21款。

　　纺织品类，包括手帕、丝巾、发带、眼罩、领巾、围巾、T恤，共7种20款。

　　箱包类，包括手提包、挎包、帆布包、零钱包、晚宴包、化妆包，共6种10款。

　　工艺品类，包括珠宝盒、首饰盒、茶盘、吊坠，共4种4款。

　　其他类，包括香囊、扇子、花插、芳香锤、线香、茶席、茶包、棒棒糖，共8种18款。

　　受展柜空间限制，展出的仅是各馆精选的部分女性主题文创产品，更多内容可以在"丽人行"云展览的文创展示模块进行查看（图4-13）。这些文创产品大多是以藏品研究为基础，通过充分挖掘文物资源的文化内涵，融合当今时代的生活美学和科技创新，从而进行文化新解读和再创造的博物馆文化衍生产品。

（二）女性主题文创产品的创意之处

　　展出的文创产品或多或少体现出艺术性、实用性、新颖性、传承性的特征。上海博物馆的青铜几何纹开口手镯（图4-14），纹饰图案撷取自上海博物馆藏战国镶嵌几何纹敦（duì），采用黄铜材质、珐琅工艺，画工精致、胎质细腻，轻巧开合、方便脱戴，有五种色彩选择，融合绸缎白边线与金属光泽，为腕间描绘细致光彩。

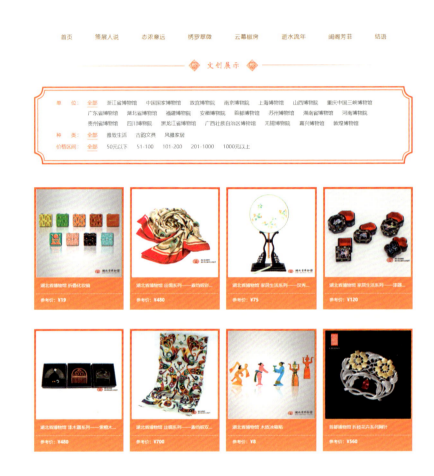

图4-13　"丽人行"云展览的文创展示模块

图4-14　青铜几何纹开口手镯　上海博物馆（左）
图4-15　梅花寿带纹丝巾镜盒包具组合　南京博物院（右）

　　南京博物院的梅花寿带纹丝巾镜盒包具组合（图4-15），灵感来源为大雅斋绿地粉彩梅花寿带纹瓷花盆。大雅斋是慈禧太后在圆明园"天地一家春"建筑群中的画室。以"大雅斋"为名的瓷器多为色地粉彩，有白地粉彩、蓝地粉彩、紫地粉彩、黄地粉彩等多种。大雅斋瓷器造型规整，纹样精美，画笔流畅，色调清新，由此开发的系列文创产品琳琅满目，具有现代感。

　　因徽商常年在外，徽州又是程朱理学的发祥地，徽州人格外注重女子的贞洁道德，所以明清时期的徽商返乡总是筑高楼深院，继而又离家经商，一走就是数十载，留下高堂和幼儿由徽州女人照顾操持。细观安徽博物院的徽州女人首饰盒（图4-16），似乎可以感受到在高高的马头墙下，幽深的高楼大院里，被锁住的徽州女子漫长人生里遥遥无期的等待。

　　展览展出的文创产品设计创意主要体现在造型、功能、工艺、包装四个方面。

　　在造型方面，苏州博物馆的《绣逸书》系列苏绣铜镀白金首饰（图4-17），灵感源自杨沂孙篆书《礼记五则》等，将国家级非物质文化遗产、中国四大名绣之一

图4-16 徽州女人首饰盒 安徽博物院（左）
图4-17 《绣逸书》系列苏绣铜镀白金首饰 苏州博物馆（右）

的苏绣与古代象形文字篆书书法进行融合，结合滚针、齐针、锁针、珠绣多种
苏绣针法，让柔情倾在丝丝缕缕的方寸间，形成多样的肌理效果和丰富的交织
色彩，带来美的慰藉与文韵。

在功能方面，江西省博物馆的范金镛花卉书灯（图4-18），外形如同普通的
书本一样，使用时，只需将它像书本一样翻开，其内置的 LED 灯便会自动发出
亮光。书灯易于收纳，便于携带，摆放方式多样，无须插线使用，完全展开时
还可以欣赏范金镛的花卉图，既美观又实用。

在工艺方面，南京博物院的梅竹水仙茶盘（图4-19），根据南京博物院藏《文
竹边刺绣梅竹水仙图挂屏》设计，由铜雕大师朱炳仁领衔的团队采用铸造、锻造、
蚀刻、施釉等非遗传统工艺精制，结合借鉴了画珐琅制作工艺的朱式釉彩铜技艺，
在铜盘上雕琢出了一番天地。

在包装方面，湖州博物馆的美人如画丝巾（图4-20），其包装与"美人如画——
十九至二十世纪东亚女性人物画艺术展"密切关联，通过分别出自清代费派仕

图4-18　范金镥花卉书灯　江西省博物馆（上）

图4-19　梅竹水仙茶盘　南京博物院（下）

图4-20　美人如画丝巾　湖州博物馆

女画、日本江户至明治时期浮世绘美人图的女性形象，呈现了费派仕女的婉约柔美风格与浮世绘美人画的世俗化特征。丝巾的画面内容主要体现了同一时期东亚女性人物画艺术审美的碰撞。

（三）女性主题文创产品的设计思路

　　展出的文创产品设计思路主要体现为元素提取、整体复刻、意境诠释三种，研发途径包括自主研发、委托研发、版权授权等。元素提取是将文物的典

图4-21 "丽人行"仕女图系列文创 浙江省博物馆

型图案或造型提取出来，进行平面化或立体化处理，从而制作文创产品，是文创设计最简便也最常用的方法。例如浙江省博物馆的"丽人行"仕女图系列文创产品（图4-21），便是以王懋钦的《设色仕女册页屏》、顾烈的《蕉阴仕女图轴》、费以群的《仕女扑蝶图轴》等浙江省博物馆藏古代女性图像为核心元素，搭配张廷济、张常憙父女《诗画册》中绘制的紫藤花，围绕女性生活场景主题，设计制作的系列文创产品。

整体复刻是将文物进行等比例复制，必要时进行结构及功能改良，从而制作文创产品。例如上海博物馆的素三彩鸭形香熏首饰盒（图4-22），是在成化景德镇官窑珍品素三彩鸭形香熏的基础上进行改进，以现代工艺制成的珠宝首饰盒，小巧玲

图4-22　素三彩鸭形香熏首饰盒　上海博物馆

珑且优雅大方。

　　意境诠释是将文物的内涵和意蕴进行提炼，结合现代需求和时尚元素，从而设计开发文创产品。例如浙江省博物馆"丽人行"沉香系列文创产品（图4-23），种类包括按摩芳香捶、花露水、口红、手工精油皂、线香套装、古法香囊。尽管从这些文创产品上比较难发现与原型文物藏品之间的直接联系，但是在欣赏与使用的过程中，人们能够明显感受到与原作一脉相承的艺术趣味和文化意蕴。

图4-23　"丽人行"沉香系列文创产品　浙江省博物馆

　　"丽人行——中国古代女子图像展"为女性主题文创产品提供了一个集中展示的平台，从而让观众发现，博物馆不仅是地域文脉的"熔炼炉"，更应是新兴文化的"发动机"。博物馆已逐渐成为先进思想的引领者之一，要勇于去探讨古今中外女性的身份对比、两性平等、女性的主体性等话题；要打造品牌化、产业化、系统化的文创产品，并充分利用"互联网＋"进行营销和推广，从而有效地延伸文明记忆，增强文化展示力，提升社会教育与服务水平，让优秀文化真正走进生活、走进大众，让文物"活"起来，把文物"带回家"。

三、宣传推广持久

　　展览的宣传推广是博物馆围绕展览内容，利用各类媒体渠道传播展览信息，提升展览的知名度、扩大展览的影响面，以吸引更多的观众参观展览的方法与过程。有效的宣传推广，不仅可以增加公众对博物馆的认知和了解，提高公众对博物馆的兴趣和参观意愿，从而增加博物馆的参观率，还可以提高博物馆的社会声誉，并促进文化交流与合作。"丽人行——中国古代女性图像展"基于"1+4"五馆合作的策展模式开展宣传推广工作，取得了良好的成效。宣传推广工作主要有以下几个方面的亮点。

（一）提前制订宣推计划

　　"丽人行——中国古代女子图像展"的宣传推广采取立足展览创意与内容、利用多媒体宣发优势、有节奏分步推进的策略，在"三八"国际妇女节之际，挖掘历史文物中的女性题材，捕捉文物中女性图像传达的信息。同时，观照当下，聚焦女性主义，引发对女性话题的关注与思考。为了协调、整合各馆资源与媒体资源，形成宣传合力，做好展览宣传推广工作，我们制订了如下展览推广计划。

1.预热阶段

　　（1）2022年2月8日，五家博物馆官方微博在展览开幕前一个月的节点同步发布"官宣"预告微博，每家博物馆可以选择一件代表性文物，设计统一风格的官宣海报。

（2）3月1日，计划在展览开幕前一周的节点发布预热宣传片。结合五家博物馆的形象宣传片与展览主题及文物，剪辑制作时长30秒至1分钟的宣传短片，同步在五家博物馆的官方微博、微信、视频号发布，并与合作媒体联动。

（3）3月7日，在展览开幕前一天，联动文博圈、弘博网、文博在线等行业媒体平台，与各馆官方微信同步推送展览宣传推文。由于部分博物馆官方微信为服务号，每周只推送一次，计划把展览信息、展厅展示等图文集中在这一期推送。

2.开幕阶段

（1）3月8日，展览开幕宣传视各馆开幕安排，组织地方媒体集中宣传报道。如不举行展览开幕式，也可以提前在3月7日组织一场媒体探营，由策展人进行导览。

（2）3月8日，线上举办"女性发展论坛"，结合"三八"国际妇女节的热点，组织百位女考古学家、女馆长、女策展人、女文化学者探讨女性发展，并以此为契机宣传展览。

3.展出阶段

（1）五家博物馆官方微博共同创建"#2022丽人行#"话题，围绕各馆展览内容定期发布与展览相关的文物品赏、展览动态等信息。

（2）推出联动打卡活动，观众打卡五个展览中任意三个以上的展览，并提供与展标的合影，可以获得一份女性主题文创纪念品。

（3）"女性发展论坛"的议题与讨论可在展期中延续，在博物馆官方微博开设专栏进行推送。

（4）展期中其他配套宣传活动由五家博物馆共同商议策划。

（二）精心制作宣传物料

展览的各类宣传物料是展览向观众展示的第一张形象名片，其审美、质感、文案等元素，都在一定程度上反映了展览本身的定位。因此，除了常规的宣传通稿和文物图片，应紧跟当下新媒体传播的新要求，提前准备更为丰富的宣传物料。"丽人行——中国古代女性图像展"为五馆统一准备了官宣海报与宣传视频。

1.海报设计

"丽人行——中国古代女性图像展"系列海报由主海报与预告海报构成。主海报设计呼应展厅设计风格，色调为凸显女性风格的粉色系，将展标"丽人行"以透视的形式形成抽象的"路"，在二维画面中营造三维空间，象征历史长河中各个时期的古代女性，由远到近分布四位不同姿态的"丽人"，体现出动态的"行"。海报上展览信息要素清晰醒目，为适应不同的传播渠道，海报分横版与竖版，使用相同的设计元素进行排版布局。

"丽人行——中国古代女性图像展"采用"1+4"五馆联动模式，与江西省博物馆、安徽博物院、苏州博物馆、湖州博物馆的女性主题展览同步启幕。因此在展览预热阶段，还特别设计了一组预告海报，设计理念与主海报统一，分别赋予每家博物馆一种色彩，海报上行进中的"丽人"为每家博物馆代表性展品中的女性图像，以此形成异地联动、整体宣传的效果。

2.宣传视频制作

"丽人行——中国古代女性图像展"策展团队先后制作了两个版本的先导宣传片。短版宣传片主要承担预告与预热功能，文案为："这是一场跨越千里的联动，这是一次穿越千年的对话；从线上到线下，从古代到当代；寻找古代女性故事的禁锢与自由，思考当代女性主义的困境与突围；五家博物馆，五个女性主题展览，3月8日同步启幕，敬请期待。"宣传片将展览的亮点、立意以及主要信息都融入简短的文字与画面，让观众一目了然。

　　长版宣传片主要承担初步的导览功能。片子从"她，是浩瀚画卷里的刹那芳华；她，是纷繁尘世中的宛然一笑；她，是历经千帆后的自我追问"这三句文案切入，引发观众的兴趣，再引出"五大博物馆跨地域联动，五个女性主题展览同步启幕，十位时代女性带你走进'丽人行'背后的故事"。片子采访了五家博物馆的五位女性馆长、参展女性艺术家、女设计师、女作家等，通过她们传达的信息与理念，让观众了解展览概况。

（三）五馆自媒体联动宣传

　　当前，博物馆自媒体运营已经成了一道亮丽的风景线，很多博物馆的自媒体拥有巨大的粉丝体量和社会影响力。自媒体的信息发布灵活、便捷，有很强的自主性，因此展览宣传推广需利用好自媒体资源。"丽人行——中国古代女性图像展"的宣传推广同样延续"1+4"模式，实现五馆自媒体的云互动，形成持续性的联动宣传效果。

1.宣传联动，形成合力

　　五馆宣传联动首先体现在预热与开幕阶段的一致性上，通过整齐划一的同步发布，形成一定的声势。在展览开幕前一个月，五馆同步启动展览预热，在官方微博上以预告海报的形式官宣展览信息；在展览开幕前一周，五馆再次联动，同步在官方微博发布展览概念先导片，五家博物馆、五个女性主题展览、五位女馆长在先导片中亮相，既为展览预热又保留悬念；在展览开幕的当天，各馆官方微信号组团，全方位推送展览信息。浙江省博物馆官方微信号更是以专题的形式，推送了整组"丽人行"相关信息，内容涵盖观展攻略、展区内容解读、设计师手记、志愿者寄语等。

2.各自发力，各具特色

五馆推出的展览虽然主题统一，但是内容上各有特点。展览期间，各馆结合自身的展览内容，持续在官方微博以科普的形式发布展品小知识，在为观众解读展品的同时，进一步宣传展览信息，并陆续通过官方微信公众号深度挖掘展览内涵，推送与展览相关的科普及解读性文章。如浙江省博物馆在展期中推送了《一幅画，一群"丽人"，一次穿越时空的对话》一文，围绕展出的《摹随园十三女弟子湖楼请业图卷》，从"释展"的角度为观众深度解读画中每一个隐没于历史中的女性故事，结合时代背景观照当下，引发观众的思考。

（四）宣传推广影响力总结

"丽人行——中国古代女性图像展"坚持内容为王，以展览为内核向外全面辐射，通过多形态展示、多媒介传播打造展览品牌影响力，不仅在博物馆自有阵地形成高热度话题，建立起有声量的观众社群，而且在互联网超级平台树立了有熟悉度、高品质、与时俱进的展览品牌形象，初步完成了由传统博物馆展览题材向社会性内容深耕、向全媒体立体化传播的转变，塑造了"社媒传播"新气象，为探索博物馆公共服务的可持续发展路径提供了有益示范。

　　梳理各项宣发数据，自媒体方面成绩斐然：五馆官方自媒体联动发布微博 100 余条，并被著名文博摄影博主转发，"丽人行"话题总阅读量破 1 亿人次；发布一般微信推文 100 余篇、深度微信推文 30 余篇，被人民文博、博物馆头条、文博圈、弘博网等行业内知名公众号以及中国蓝新闻、天目新闻、24 小时新闻、橙柿互动等大众媒体转发，总阅读量破千万人次。据不完全统计，各类直播导览、线上活动总观看人次破亿，在微博、小红书、抖音等社交媒体上成为打卡的热门话题。"丽人行——中国古代女性图像展"位列 2022 年 4 月"博物馆头条"发布的"中博热搜榜——十大热搜展览（Vol.22）"第三名，实现了兼具广泛性与持续性的传播效果。

四、观众调查翔实

　　为了解"丽人行——中国古代女性图像展"的观众对展览内容、宣传渠道、互动效果等方面的评价及满意度，展览期间浙江省博物馆进行了一次观众调查，密切关注不同群体对于展览内容及理念的接受度，根据观众建议不断完善展览的方方面面，贴近观众的多元化需求，吸引潜在观众关注展览、观看展览；同时，通过分析观众调查数据，对观众结构和观展心理展开科学有据的分析，为系列展览的策划提供更有针对性和方向性的指导。

　　本次调查采取问卷形式，随机抽取观展观众填写，并在最后两个问题设置中倡导观众自主表达真实想法，生成关键字云图，以便更直观、高效、灵活地反映观众真实想法。问卷内容主要有四个方面：①观众基本信息（如性别、年龄、学历）；

② 观众观展心理（如获取展览信息渠道和观展目的）；③ 观众对陈列内容的满意度；④ 观众互动情况（如观展收获）。本次调查共收回有效问卷 618 份。

1.观众基本信息

性别：男性 63 人，占 10.19%；女性 555 人，占 89.81%，约为男性的 9 倍，是观展的绝大多数群体。

年龄：18 岁以下未成年人 36 人，占 5.83%；青年（18—35 岁）492 人，占 79.61%；中年（36—55 岁）90 人，占 14.56%；老年人占 0%。可见，青年是参观此次展览的主要观众。

受教育程度：本科以下 75 人，占 12.14%；本科学历 348 人，占 56.31%；硕士 168 人、博士 27 人，占比分别为 27.18%、4.37%。

2.观众观展心理

（1）获取展览信息的渠道（多选）

77.18% 的观众通过"微信、微博等社交类媒体"了解展览，说明展览在社交媒体平台传播最为有效；11.65% 的观众通过"亲友"听说展览；5.83% 的观众通过"电视、视频 App 等视频类媒体"知道展览；2.91% 的观众从"报纸、杂志、墙面海报等平面媒体"获知展览；另有 20.87% 的观众通过"其他途径"得知展览，如"碰巧路过""相关学术发布""线上带动线下"等。

（2）观展的主要目的

在所有调查样本中，51.94% 的观众的观展目的是"增长知识"，占比最高，符合展览学术性与审美趣味相结合的定位；其次是"学术研究"，占 21.84%；13.11% 的观众观展是为了"休闲娱乐"；9.71% 的观众想通过展览"获取资料"；另有 3.4% 的观众出于其他动机来观展，如"单纯对主题感兴趣""偶然进入"等。

（3）展览吸引观众的主要原因（多选）

观众对展览的预期高度集中在"展览主题，关注女性形象"方面，75.24%的观众因此被展览吸引；展览采取的线上线下结合形式对观众的吸引力也较大，65.53%的观众选择了"展览形式，线上观展方便快捷"选项；53.40%的观众被"展品门类，汇集大量书画图像"这一要素吸引；8.74%的观众选择了"其他原因"，主要集中在"展览的审美定位""陶冶情操"及"对临时展览的兴趣"等。

3.观众对陈列内容的满意度

（1）观众对女性主题展览的关注/了解程度

观众对女性主题的关注和了解程度对其观展的视角与体验有着非常个性化的影响，因此我们将其作为前置问题对观众展开调查。结果显示，43.20%的观众对女性主题展览有一定了解，曾看过一些类似主题的展览；有35.44%的观众几乎没有看过此类展览，也很少关注和了解这类展览；对女性主题比较关注且会主动看展的观众占15.53%；仅5.83%的观众选择了"非常关注/了解，对女性主题展览有一定研究"。

（2）观众最喜欢的展览单元

31.39%的观众最喜欢第一单元"闺闱风韵"；35.11%的观众选择了第二单元"云幕椒房"，占比最高；33.50%的观众选择了第三单元"庭院春深"。总体喜好度分布较为平均。

（3）观众对"丽人行——中国古代女性图像展"的满意度

以1—5星的满意度评价对展览满意度进行调查的数据显示，超过一半（52.43%）的观众对展览给出了"5星，非常满意"的评价，39.32%的观众选择了"4星，比较满意"，认为展览只达到"3星，一般"的观众占5.82%，选择"2星，不太满意"的观众占1.94%，选择最低分"1星，非常不满意"的观众占0.49%。展览总体满

图4-24 观众满意度评分原因关键词云图（左）
图4-25 观众填写展览社会意义关键词云图（右）

意度超过 90%，但仍有许多改进空间。

（4）观众满意度评分原因（自主填写）

调查中鼓励观众自主填写满意度评分原因。我们结合满意度评分，根据关键词提及频率制作生成云图（图4-24），为开放性地了解观众想法提供了直观资料。提及频率最高的是"内容丰富"和"形式新颖"，也有很多观众表示"展品丰富""分类清晰""很不错""视觉舒适"等。不足之处包括"App 操作不够流畅""空间较小"等。

4.观众互动情况

出于对女性话题社会性和特殊性的考量，我们把观众互动情况调查的重点放在展览内容的社会意义上。与满意度评分一样，鼓励观众自主填写。根据观众填写的展览的社会意义，我们提供关键词，制作生成云图（图4-25）。

　　可以看出，观众对女性话题关注度高，对展览主题的认可度也非常高。许多观众提到"博物馆""社会""生活""古代""教育""工作""时代"等词语，这与展览传达的价值理念契合度较高，说明观众对展览的解读较为充分，有所收获。

麗
人
行

Fair Ladies

丽人行

结 语

无限可能的品牌未来

一、有机生长的展览品牌

管理学意义上的"品牌"是能够为企业带来溢价、产生增值的无形资产，其载体是用以与其他竞争者的产品相区分的名称、名词、符号、设计等，或者它们的组合。每个企业都有品牌。国内博物馆是传统意义上的事业单位，长期以来，事业单位一般都是国家设置的带有一定公益性质的全额预算机构。在事业单位改革以后，博物馆基本是一类事业单位，在很大程度上与国外的"非营利组织"一致，生存资源直接来自政府，以非产业化的方式运作，从而隔断了与社会的公共责任关系。因此，博物馆存在着自身的组织定位的悖论，这种悖论直接妨碍了博物馆的组织运行逻辑，已经越来越不能适应提升公共服务质量与效率的要求，同时，社会的监督和约束也越来越成为博物馆生存和发展的重要外在环境。

博物馆展览是直接面向社会的产品，在本质上代表博物馆对交付给观众的产品特征、利益和服务的一贯性承诺。但是，从内部运作来说，长期以来，由于历史原因，博物馆的展览成为完成上级下达的事业计划的一种工具，并通过各种行政化方式来配置和运用资源；从外部环境来看，公众监督意识薄弱，新闻舆论监督无力，民间监督和评估组织缺失。因此，虽然在国家相关政策的激励下，博物馆展览借助互联网和新技术，将其所拥有的优秀文化资源与公众分享，出现了一批批精品展览，但是，展览品牌的建设严重滞后于展览数量的扩充，鲜有博物馆通过展览品牌的培育让观众获得综合而独特的体验。这种情况又反过来影响展览的质量和博物馆的创新能力。

"丽人行"由云展览、线下实体展和线下沉浸式数字展等系列展览构成，显然已经包含了品牌核心价值构成的各种复杂的因素，具备不可模仿性、持续性、包容性、价值感，并基于此为观众提供前所未有的观展体验。策划线下实体展览"丽人行——中国古代女性图像展"不仅是在策划一个展览，更是在创新一种模式，以改变展览的运作方式，提高博物馆展览服务观众的期望值。未来，随着观众市场的日益成熟，"丽人行"系列展览所代表的创新模式无疑将继续引领博物馆展览行业发展。

随着经济发展，观众更加注重博物馆展览的品质，展览也呈现出多样化、高端化、体验式的特点。发挥展览品牌的引领作用，是博物馆高质量发展的必然要求，也是今后一段时期博物馆展览方式由外延扩张型向内涵集约型转变、由规模速度型向质量效率型转变的重要举措。

如何培育一个展览品牌？

一是内容策划高质量。一个品牌力量的强弱取决于其文化内涵，好的品牌文化会让品牌变得有思想、有生命力。"丽人行"的品牌基础在于深耕中国古代女性图像内容，在阐释主题上与国际化议题接轨，有思想与精神的跃动，具有某种象征意义。观众通过参观"丽人行"展览，可以表达其思想，并对号入座，找到属于自己的象征意义。当一个展览品牌做到极致时，就不再只是空间意义上的了，而是可以为观众创造感同身受的场域。当一个展览品牌可以为观众创造价值时，观众自然会铭记于心。

二是形式设计多样化。如今博物馆展览形式日益呈现同质化的趋势，不免令人担忧。而博物馆展览突破瓶颈的关键在于多样性创新。多样性创新，应是开拓新的展览方式，在宏观上挖掘人们见所未见、想所未想的形式，微观到细节，察秋毫之末，表现常人视而不见的元素和细节。"丽人行"系列展览的每个展览都有独特的设计视角和苦心孤诣的个性表达。打造一个具有高度差异性与强烈个性的展览品牌，就等于给了目标观众一个独一无二的参观理由。

三是品牌塑造一致性。一致性包括两个方面，一是指品牌在塑造过程中，不会因为时间的改变发生内容与形式的变化；二是指承诺的配套服务与事实相符合。

"丽人行"展览前后经历了三年时间，每年的3月8日，她总是如约而至。展览品牌稳定，带来的是观众的信任感。在这一点上，正如本书开篇所说，"丽人行——中国古代女性图像展"是我们工作中的一个重要节点，树立了一个标杆。

四是项目的跟踪评估。检验品牌最重要的标准就是其能否产生实质性的成效。一个品牌的成功与否要由市场来决定，由观众流量和观众的获得感来决定。因此，博物馆在展览品牌培育和形成的过程中，要及时开展评估工作，包括动态分析观众市场变化、精准定位观众的需求等。同时，随着精准化服务时代的到来，配套的评估亦是未来博物馆高质量发展的基础。无论是在理论上还是在方法上，展览品牌的形成都离不开有权威性和公信力的评估工作。

五是团队的结构完善。传统博物馆的人才结构，大致来自文博、历史、考古、艺术史等相关学科。在数字展览与实体展览深度融合发展的格局下，博物馆原有的人才队伍显得有些捉襟见肘。"丽人行"系列展览的工作团队在原有专业人才基础上，囊括了策展、设计、原创音乐、美术、数字艺术、数字人文等多个专业的人才和国内一线专家。所以，为适应新形势，除了科学研究、文物鉴定、陈列展览、宣传教育、文物保护五大领域的专业人才，博物馆还需要配备数字技术等其他方面的专业人才。博物馆在这方面的专业人才储备一直存在缺口，在这种情况下，借助外力显得尤为重要。例如，聘请行业和高校内具有丰富的实践经验和较高学术水平的专家担任专业顾问，专家团队不是简单地进行咨询或论证，而是要深入展的各个环节，以解决问题和创新为动力，开展关键技术攻关。

总之，展览品牌是博物馆竞争力的综合体现。培育博物馆展览品牌，要以"创新、协调、绿色、开放、共享"发展理念为指引，推动供给结构和需求结构升级，激发博物馆创新创造活力；要以资源整合、多馆深度合作为路径，促进展览各要素的合理配置，提升展览品质；要突出品牌的引领作用，深挖展览的文化内涵和独有特质，实现展览价值链升级；要讲好中国故事，在国内外形成较高知名度和较强吸引力，凝聚高忠诚度的观众，实现更高质量、更可持续的发展。

二、数实融合的展览远景

数字化是工具和手段，夯实实体展览基础和促进实体展览发展是目的。数实融合是构建博物馆新发展格局，并推动其高质量发展的重要途径，也是博物馆展览的远景。

第一，数实融合体现为数字技术对实体展览的辅助作用。博物馆的展览面对的是展览的主题、内容的架构和展品的分类等关键性问题，涉及如何从馆藏中提取知识，以及如何表达知识和观念。早期的展览以时间为线索、以审美为路径、以辅助教育为目标，所以，馆藏知识的分类并没有涉及知识与知识之间相互关系的揭示。数字技术和实体展览的融合应用拓展了展品知识的边界。具体而言，就是将展品进行数字化处理，以电子图像的方式参与展览或者使用电脑终端设备链接更多的在展厅有限空间内容纳不了的信息。当前阶段，尽管数字化处理手段多种多样，包括将难以近距离接触的展品进行数码复制展示，以静态画作为基础制作动画，形成观众可以自己操作的交互投影，带特效、音乐的场景设计，等等，但几乎都是初步地对实体展品进行简单的数字化处理，因此同质化的现象很难避免。当然，优秀的数字技术可以保护藏品、制造亮点，也能让展览体验更为丰富。

　　第二，数实融合体现为数字展览和实体展览的融合应用。如今，很多博物馆对实体展进行拍摄、建模、上传，推出了虚拟展览。虚拟展览完全不受时间、地理和容量的限制，满足了观众不到现场也能看展的需求。现在，网络上已经存在许多提供在线看展的服务。我们不仅可以下载各大博物馆海量的高清藏品图片，还可以进入博物馆通过实地采集信号而打造的虚拟展厅观看展览。但是，高清图片和虚拟展览在心理体验上无法无限逼近实物和真实展览，去博物馆看真迹仍然是欣赏艺术最好的也是难以取代的方式。心理体验为什么这么重要呢？一方面，实物和空间的关系是博物馆展览的基础逻辑关系。观众在观展过程中"移步换景"，随着空间的移动，加上空间环境的因素，大脑海马体中的位置细胞会被激活。在电脑、手机设备上看展，虽然有平面图，但观众不是真的在走动，动的是鼠标或者手指，而且所有的空间和三维实物，设备终端呈现的都是平面，难以形成心理上的认知空间。另一方面，展览中的每一件展品都是一个充满细节的整体。设备终端的尺幅限制了观看的尺幅，从而缺失了细节信息，如果单独放大某处细节或纹理，它又失去了和整体的认知联系。同时，展品的真实体量和尺寸千差万别，但在终端屏幕上几乎没有区别。因此，数字展览和实体展览的融合是优化观众体验的必要的探索方向。

　　第三，数实融合体现为数字化各要素（包括互联网、5G、云计算、数字资源平台等）和非数字实体展览的融合应用。随着技术的进步，一方面，这是人们首次实现足不出户却能身临其境地"逛"博物馆的梦想；另一方面，在沉浸式展览中甚至没有一件"原作"，人与技术的共在，提供了一种富有深度和富有参与性、感受性的艺术空间，并提供了适合拍照打卡、在社交媒体上获得点赞的"背景墙"，构成了观众对亲临沉浸式展览的美好感受。相对于传统的博物馆策展，沉浸式展览使运营者无须再为展品投昂贵的保费，同时，新媒体的可复制性使得此类展览可以在多地运营，减少了运输展品时可能产生的风险。所以，沉浸式展览被视为展览的未来。但是，沉浸式展览在当前也存在一定的问题：内容缺乏力度，此类展览通过营造巨大的视觉景观、环绕式播放音乐来制造感官刺激；内容缺乏新意，当下很多同质化展览是对博物馆经典藏品以及相关的各类图像、符号等在展览空间的堆砌。所以，回到博物馆展览的原点，还是要关注内容与主题、实物与空间，也正是"内容与主题"的局限、"实物与空间"存在很多物理上的实际限制，让我们意识到通过其他方式很难产生比拟亲临博物馆的感受。事实上，如今还没有一项技术可以给观众带来心理上真实的观展体验。

　　第四，数实融合体现为"以数促实"的展览远景。在沉浸式展览中，观众以"置身其中"的姿态"体验"。这种"置身其中"的体验在一定程度上构成了展览远景的核心。它不仅旨在探索"感受"的可能性，更具有博物馆民主化和伦理层面的深层含义。

　　博物馆藏品数量是有限的、不可再生的，而数字技术在相当程度上缓解了藏品保护的压力，同时拓展了对当代展品和复制品的认知，拓宽了博物馆藏品的边界。数字技术作为一种工具，通过营造一种强调参与性和介入性的观展体验，打破了观众对"高高在上"的文化遗产和艺术作品的仰望，进而带有文化遗产和艺术作品"人人平等"的民主色彩。另外，面对相同、相似的内容，在有许多优秀前例的情况下，展览的呈现很难跳出程式、做出新意，"同质化"和"粗制滥造"是十分常见的批评。数字化技术提供海量数据和无限连接，大大提升了研究的科学性，而不会"曲解"古人，这表现在客观地还原、再现博物馆藏品的知识与知识体系。与科学、工程及社会科学数据相比，藏品及其背后的人文大数据是一种"深层数据"，来源更加混杂，格式更加多样，维度更加多元，层次更加复杂，内涵更加丰富。在构建展览知识体系时，虽然理论上可以由专家对相关概念进行解释，但一则工作量太大，难以操作，二则专家的解释也只是一家之言。在揭示物与物、物与人的关系方面，数字技术不仅可以更清晰地罗列出来，更重要的是还可以对个别与个别、个别与整体之间的关系进行恰当处理。

　　第五，数实融合的展览远景体现在展览的不同形态上。"丽人行"有云展览、线下实体展和沉浸式数字展等主要形态，每个形态又包含了不同类型。可以说，"丽人行"已经成为一个结构化、标准化、开放式、可扩展的关于中国古代女性图像的知识平台，其信息可以共享，也可以根据需要进行框架调整、内容修订。

在数字化浪潮与文化建设需求的双重推动下，我们以"丽人行"系列展览为创新尝试，对文化遗产资源进行数字化、结构化、关联化等一系列运作，以博物馆展示的基本方式，实现从静态资源保护向动态文化传承的转变，在保护和传播文化遗产的基础上让文化遗产资源得到有效利用，促进博物馆高质量发展。

后 记

　　2020 年新春，新冠疫情肆虐，博物馆展览纷纷转为线上举办，从最初的迫不得已仓促上阵，到逐渐成为一种常态。但大多数的云展览项目的实施过程仍是"线下实体展览拍照—建模—上线"。任何手段做出来的 3D 虚拟展览，在手机端和电脑端的屏幕上都是二维平面的。这样的云展览，只是一个替代之选，而且任何展览空间，一旦线下展览开放，它的意义也许只归于留档。线上展览改变的仅仅是博物馆的展示方式，更深层的策展模式是否应该探索？于是，举办"丽人行——中国古代女性图像云展览"的想法浮出脑海。在馆里的支持下，我们整合了浙江省博物馆信息中心和博物馆学研究所的力量，利用互联网手段，集云策展、云开幕、云观展、云研究、云文创、云交互于一体，将一场盛大的传统仕女画展览转移到网上。结果，这场展览整合了 30 多家博物馆 1000 余件作品，让互联网的优势充分显示出来。人们随时可以上网浏览，可以在地铁上用手机欣赏，也可以在午夜欣赏，甚至爬山下水间的休息时刻都可以去看一两张图。总之，人们随时随地都能成为观展者，享受到前所未有的便利。

　　由于云展览的成功和广受关注，2022 年 3 月 8 日，"丽人行——中国古代女性图像展"在西子湖畔拉开帷幕，以浙江省博物馆为主展馆，以安徽博物院、江西省博物馆、苏州博物馆、湖州博物馆为分展馆，五馆联动；同时，"丽人行"云展览 2.0 版全新上线，合作单位扩大到国内外 50 余家，在后疫情时代开启了线上线下、一展多地同时观展的新体验，并继续带来"丽人行——虚拟微策展大赛"等体验活动与女性论坛，持续发挥"丽人行"女性品牌文化项目的影响力。现在，浙江省博物馆的之江新馆"丽人行——中国古代女性图像沉浸式数字展"和数字人文平台也正式开放了。

　　"丽人行"系列展览，作为新兴题材的中国古代女性主题展览，在女性书画文物的展示、女性故事和身份的展现、历史的解读以及当代社会性别议题的思考方面有独特的意义。从平面网页的云展览，到物理空间的实体展览，再到三维虚拟空间的虚拟微策展、沉浸式数字展，这样的阶段性变化过程在观看方式与构建策略等角度呈现出内在逻辑与价值意义，最终实现文物价值的多元延展和展览品牌的有机生长。在策划"丽人行——中国古代女性图像展"时，在设计构思上，我们以前期云展览的内容为基础，遵循"从物到像，以物解像"的原则，丰富展品维度，深化学术研究，构建张力空间，实现云展览回归线下的实体化、精品化呈现。面对线下展览中书画图像展示的棘手问题，将基本是平面的"像"转化为立体的"物"，让观众借助"物"来理解"像"，就成为"丽人行"云展览重新落地的关键。在"丽人行——中国古代女性图像展"中，我们看到了策展人以"物"解"像"的努力。在内容设计上，策展人在画作边上并排展示某些局部的放大效果，并选取与画作中人物的配饰一致的文物，形成展品组团，使观众在"物"的辅助下看清"像"的细节，并深入了解"像"中呈现的生活。

　　这本策展笔记是对"丽人行"展览实践的全方位回顾和解析，由亲自参与展览策划和实施的团队成员分工撰写：第一章"引言"，由蔡琴撰写；第二章"导览"，由倪梦婷撰写；第三章"策展"，第一节由李诗妤撰写，第二节、第四节由杜昊、张枫林撰写，第三节由季一秀、倪梦婷撰写；第四章"观展"，由胡慧媚、张枫林撰写；第五章"结语"由蔡琴撰写；最后，由倪梦婷对全书进行了统稿。本书的写作得到了中国博物馆协会的全程指导和大力支持，在此致以衷心的感谢！